大学英语
教学方法改革与实践探索

岳 洪◎著

吉林出版集团股份有限公司

图书在版编目（CIP）数据

大学英语教学方法改革与实践探索 / 岳洪著. — 长春：吉林出版集团股份有限公司，2022.9

ISBN 978-7-5731-2329-9

Ⅰ．①大… Ⅱ．①岳… Ⅲ．①英语－教学法－高等学校 Ⅳ．①H319.3

中国版本图书馆 CIP 数据核字（2022）第 175518 号

大学英语教学方法改革与实践探索

著　　者	岳　洪
责任编辑	白聪响
封面设计	林　吉
开　　本	787mm×1092mm　　1/16
字　　数	190 千
印　　张	8.5
版　　次	2022 年 9 月第 1 版
印　　次	2022 年 9 月第 1 次印刷
出版发行	吉林出版集团股份有限公司
电　　话	总编办：010-63109269
	发行部：010-63109269
印　　刷	廊坊市广阳区九洲印刷厂

ISBN 978-7-5731-2329-9　　　　　　　　　　　定价：68.00 元

前　言

传统的大学英语教学理论研究成果虽然取得了引人注目的成就，但是随着高校英语教学的改革，大学英语教学理论及方法已经不能适应当今高校英语的发展。本书具体分析了大学英语教学中理论与教学方法的不足。

英语是一门语言学，大学英语作为一门应用型课程，其存在的基本要求便是指导学生通过听力、阅读训练来提高英语理解能力，通过口语的方式表达出自己想要表达的思想，这一特点便决定了学生必须在实践中培养英语综合能力。但是，在传统的大学英语教学课堂中，教师的授课方式仍旧是"满堂灌"，教师在每节课中都滔滔不绝地讲解英语知识点，没有留给学生时间进行有效的英语训练，导致他们即便是能听懂英语，也不会开口表达，最终使得自己的英语学习陷入"哑巴式"英语学习的误区。

此外，不少教师深受传统英语教学理论的影响，在教学方式上采用的是以讲解课文、解释语法为主，注重对英语句子的翻译，或是让学生死记硬背英语课文。这一教学方式造成的结果便是学生对英语语法掌握得精准到位，但是在英语表达上却会出现不少错误。

最后，大学英语的学习离不开听、说、读、写。当前大学英语的教学现状是听、说、读、写四个部分都存在于高校的英语教学中，但是这四个部分没能形成较好的衔接，甚至可以说四个部分是断裂的。听、说、读、写的断裂使得学生在听力课上只是简单地进行听力训练，在阅读课上只是简单地进行阅读，在口语和写作上经常无话可说、无内容可写。倘若将这四个方面的教学内容进行很好的结合，学生便能够对听力和阅读上所获得的内容信息进行结合与整理。这样，自然而然会有话可说、有内容可写。

目　录

第一章　大学英语教学概述

第一节　大学英语教学与素质教育

大学英语教学是实施素质教育的一个重要组成部分，大学英语教学必须立足于"以人为本"，以培养人的素质为教育出发点。要从真正意义上改革大学英语教学，就必须将大学英语教学上升到大学英语教育的高度。大学英语教学和素质教育之间的关系是由其在素质教育中所起的作用决定的。大学英语教学的任务不只是培养学习者的语言技能，它的教育功能还应当体现在对学生的认知能力、文化素养、主体意识和情感等方面的培养上。本节就大学英语教学和素质教育之间的关系进行探讨。

当前大学英语教学似有一种倾向，即在引进现代外语教学理论和方法的同时，将传统的教学理论和方法批驳得体无完肤，欲把大学英语教学当作纯粹的语言技能训练课。诚然，把语言技能的培养作为大学英语教学的具体目标无可厚非，其合理性不容置疑。但是，同样不应受到置疑的是作为教育的一个组成部分，大学英语教学和教育的其他分支学科一样，也具有教育功能。长期以来，在人们的教学观念和教学实践中，大学英语教学与教育及其各个分支学科的关系并未得到应有的重视，导致大学英语教学常常游离于教育研究。我们总是能够对大学英语教学津津乐道，却很少会触及乃至思考大学英语教育。大学英语教学经过几十年的努力，成绩斐然，但其教学效果总难以令人满意。其中一个重要原因恐怕还是大学英语教学脱离了教育整体，未能"以人为本"，立足于培养人的素质这一教育出发点。21 世纪，社会对于人才素质的高要求迫使我们深入思考、转变观念、实施改革。《大学英语教学大纲》从素质教育的角度出发，提出"大学英语教学是实施素质教育的一个组成部分"[①]。这就是说，大学英语教学不只是教和学的一门外语，还肩负着培养人的重任，从而将其提高到了大学英语教育这一高度。这一点对于大学英语教学实践无疑具有十分重要的指导意义，其重要性因大学英语教学的广泛性而愈发得到加强。

我们说大学英语教学是素质教育的一个组成部分，并非凭空想象，这是由它在素质教育中所起的作用决定的。本节就来谈谈大学英语教学在实施素质教育中的作用。

[①]　教育部高等教育司 . 大学英语课程教学要求 [M]. 上海：上海外语教育出版社，2007.

一、大学英语教学的主体功能和作用

首先，大学英语教学具有开发学生智力，提高其认知能力的作用。"培养学生具有较强的阅读能力和一定的听、说、写、译能力，使他们能够用英语交流信息"是大学英语教学的目的，是其根本，偏离之，整个大学英语教学便成为无源之水、无本之木。语言技能的培养自然离不开教学理论和方法的指导。是接受性技能领先，还是产出性技能领先？是采取交际法，还是采用传统的教学方法？是应该从认知的角度把外语学习看成是一个知识体系，还是应该避免考虑语言知识，更直觉地去吸收语言？事实上，教学有法，教无定法。任何一种教学理论和方法都有其自身的合理性，只是各有侧重而已。关键是引进教学理论和方法不要走极端，并且要看其是否适合我们的教学实际。大学英语学习者的学习动机、需求、学习环境、学习心理以及教育背景等与其他学科的学习情况存在很大的差异。英语听说法"教语言，别教语言知识"的口号恐怕难以适应我国大学英语教学的实际。大学英语教学不应该也不可能只是语音、词汇和句型机械性的反复操练，不仅仅是行为主义的习惯的形成。在将英语作为外语来学习的情形下（实际上在任何情形下），无论采用哪种观念、路径和方法，其中都有个认知的问题。"没有理由认为语言训练就不可能同时追求一个智力目标，使学习者对该语言和文化有概念性的掌握。"语言的学习和使用需要学习者进行计划、预期和规则的识别，是一个使"知觉得到发展、记忆得到训练、思维得到深化的过程"。

有人曾说过，"智力一般可以认为是人的各种基本能力的综合，包括观察力、注意力、思维力等"。大学英语教学在培养语言技能和交际能力的同时，也具有开发智力、提高认知能力的作用。大学英语教学要求学生不但要获取语言能力，也要学习有关语言和文化的知识。没有理由说语言和文化知识的学习就必然会枯燥乏味；相反它可以进一步激发学生对语言的兴趣，感知和比较英语和汉语之间的异同，乃至探究语言的一般规律。大学英语教学通过阅读和听、说、写、译等技能的训练，可以培养学生观察、区分语言和社会文化现象，收集、储存、整理、提取语言和文化信息，发现、应用以及修正规则，发现、解决问题，进行推理等多方面的能力。比如说，记忆单词是许多学生感到烦恼的事，因为记忆外语单词和记忆母语单词的语言环境和心理机制不同。这时语音知识和构词法就显得特别重要。比较、对比和联想也是记忆单词常用的有效手段。这些规则、知识和方法，部分可以通过教师的传授来获得，但主要还需学生在教师的启发下自己去观察、发现、整理和修正。这些心理活动必然会促进学生认知能力的不断发展。学生还可以把从英语学习中得到的知识、经验和方法应用到其他学科的学习上，即所谓的迁移。把认知能力的提高作为外语教学的目标，符合教育学关于知识和认识能力关系的原理，它"将使语言课程增添一个崭新而有价值的层面，使之得到加强又不会影响语言熟练程度的培养"。

其次，大学英语教学具有提高学生文化素质，增强其交际能力的作用。文化能力系指对一个社会的行为规范、风俗习惯、价值取向等的了解和掌握。语言是人类文化的载体，学习语言的同时自然会增长文化知识。近年来，由于语言和文化关系研究的兴起，大学英语教学中的文化导入问题也引起了广大大学英语工作者的关注和兴趣。无论是大纲、教材，还是课堂教学，都在不同程度上增加了有关外国文化的内容。英语不仅是交流信息的工具，而且有助于学习者开阔视野，扩大知识面，加深对外部世界的了解，借鉴和吸收外国文化精华，提高自己的文化素养。许多教师在授课时给学生介绍西方文化，比较中西方文化差异，以提高学生的文化能力。

文化能力融入交际能力当中，相当于交际能力的得体性原则。它主要是指非言语的社会文化行为和事实。交际能力不仅有赖于语言能力，还依靠文化能力。如果没有文化方面的知识，如果不了解文化上的可接受性和不可接受性，那么交际很可能就会产生障碍甚至失败。比如说两个外国人同时看中了商店里仅有的一件商品，他们可能会通过抛硬币等能够直接做出判断的方式来解决这一问题。而中国人的做法通常是彼此谦让一番，彼此忍痛割爱成全对方。这就反映出中西文化上的差异。如果这两个外国人中有一位是不谙西方文化的中国人，恐怕尴尬是难以避免的。由于文化差异而导致交际困难的事例并不鲜见，这并非语言知识的掌握所能解决的。我们应当明白，流利的英语并非交际能力的全部，纯粹的技能训练解决不了"文化休克"的问题。如果我们把交际能力作为培养目的，那么就应该把大学英语置于社会文化的大环境之中。有人甚至建议文化能力的传授应优先于语言技能的培养，这并非没有道理。大学英语课堂为学生了解和接纳异族文化提供了阵地；文化导入为大学英语教学增添了新的层面，充实和丰富了大学英语课堂教学。

当然，我们强调文化素质的培养，也应注意结合大学英语教学实际。毕竟大学英语教学是要帮助学生打好语言基础，我们的侧重点还应是语言形式的掌握和语言技能的培养。文化知识的介绍应当是有选择的，应当围绕语言能力的培养。

再次，大学英语教学还能增强学生主体意识，发挥其主体作用。我国传统的教育思想确有许多宝贵的东西，但其中也有许多难以适应时代发展和要求的东西，制约着教育的健康发展。在课堂教学的师生关系上，我们似乎过多地强调了"尊重老师"。我们是否可以换个角度去考虑一下"尊重学生"呢？尊重老师，我们强调的是知识的重要性和教师作为长者的人格尊严，但这绝不能等同于"师道尊严"。课堂上的师生关系是平等的，都是活动的参与者、信息的交流者。从语言教学上讲，师生都是主体，是传授和认识语言的主体。英语教学中师生的主体地位和作用，是事关全局的问题，是现代外语教学的出发点和立足点，也是当前转变教学观念的一个基本点。大学英语教学要上升到培养人素质的高度，与素质教育的整体联系起来，应当成为现代教育所提倡的"以人为本"的大学英语教育。外语教学不能单纯地理解为"我教你学"。"师道尊严"不应是当今外语课堂的规则。事实上，学生之所以缺乏主体意识，在很大程度上是由于传统意义上对教师的过分尊敬和依赖引起的。学生常会有老师在上、学生在下的心理，这就给课堂上的师生交流带来了困难。师生关系是平等的、相辅相成的和相互依赖的。教师不是当然的指导者，而是课堂交际活动的组织者，是学生学习的帮助者。学生也不是信息的被动接受者，而应该积极主动地参与课堂活动，参与课堂教学评价。课堂教学不只是提供和接收信息的问题。教师应鼓励学生发现问题并对此及时做出反应，激励他们对语言进行观察与思考，帮助他们发现语言规律[①]。学生是教学的主体，传授的知识要由学生加以理解、吸收，能力的培养要靠学生的实践，学生应成为真正的主动学习者。培养学生的主体意识是启发性教学原则的要求，它要求教师充分调动学生学习的主动性，引导他们生动活泼地学习，使他们通过自己的独立思考，融会贯通地掌握知识，提高分析问题和解决问题的能力。大学英语教学应让学生学会学习的方法，最终让学生学会独立行事、自主学习。

最后，大学英语教学具有培养学生积极的语言文化和语言学习情感，提高其审美能力的作用。早在 20 世纪初，情感在教育中的重要地位就开始引起注意，教育家们开始强调情感教育的作用，但情感在外语教育中的作用直到 20 世纪 70 年代才得到重视。外语学习中的情感可表现为对目标语的情感，对目标语所处的社会和文化的情感，对语言学习过程的情感。对于英语学习者来说，英语是一个全新的符号和知识体系，与母语有着很大的差异。学习者在学习过程中必然会伴有各种各样的情感，可能会觉得英语很有趣，也可能会感到英语很奇怪；可能会表现出喜欢的情绪，也可能会表现出困惑；可能很快就会认同并接纳英语，也可能会对英语表现出反感，甚至抗拒。对于英语民族的社会和文化，学习者也会表现出类似的情感。大学英语教学的一项重要任务就是帮助学习者树立积极的态度去对待、接触和认同英语民族的社会和文化，因为对于目标语所处的社会和文化持有否定的，甚至是抗拒的态度，要学好该语言恐怕是很困难的，甚至是不可能的。这并不是说要学习者毫无批判地接受或盲目崇拜异族语言和文化。学习英语语言技能，借此去接触和了解异族社会和文化，并进行交流是大学英语教学的目的和特点。因此，大学英语教师有责任帮助学生形成正确的判断能力，既不要贬低和拒绝英语及其所反映的文化，也不要盲目崇拜。这正是大学英语教学审美功能的表现之一。由于英语使用的广泛性及其作为国际语言的重要地位，也由于我国改革开放、经济建设的需要，英语在我国享有很高的地位，英语学习受到了高度重视。因而，总体上人们对于英语及英语民族和文化的态度是积极的，这就为大学英语教学提供了良好的教学环境。大学英语教学需要解决的主要是学生对于英语学习本身的情感问题。影响学生对大学英语学习的情感因素有很多，如中学阶段的英语学习体验、进入大学后的学习动机、大学英语学习感受、阶段学习效果以及个人的意志品质等。比如说很多刚入学的学生对英语学习表现出厌倦的情绪，意识不到英语的重要性，对英语学习产生了厌倦和畏惧心理。在培养学生学习英语的积极态度时，老师的引导就变得尤为重要。大学英语教师不仅要有丰富的知识和扎实的功底还要有良好的教学能力，帮助学生做好心理上的准备，去面对学习过程中的困难和挫折，形成独立学习和继续学习的能力。

---

① 张学新. 对分课堂：大学课堂教学改革的新探索 [J]. 复旦教育论坛，2014，12（5）：5-10.

二、素质教育的价值

素质教育就是使学生在生理、心理、道德修养、科学文化等方面得到全面的发展。从大学英语的教学时数、教学规模、投入的人力物力来看，大学英语教学肩负着素质教育的重任，理所当然地成为素质教育的重要前沿阵地。只有观念的转变、教学实践的改革，才能使大学英语教学在素质教育中的应有作用得到真正发挥。

第二节 基于需求分析的大学英语教学研究

社会的迅速发展和转型对高等教育提出了新的挑战。高等教育承担着以下两个重要的角色：首先，高等教育需要制订相关课程，帮助学生获得知识及综合运用知识的技能，培养学生在一定领域内的能力构建；其次，高等教育注重学生能力从学习领域到其他领域的发展和转移，培养学生必需的职业能力。

在中国，随着知识社会的发展，大学英语教学的地位和作用也有了很大改变。大学英语教学不仅是一种语言课程，讲授英语基本知识，也是一种能力的提高课程，帮助学生开阔视野和了解不同世界的文化。大学英语课程设计应帮助学生掌握扎实的英语基础，同时提高他们的英语运用能力，尤其是他们的英语交际能力。要保证学生英语水平的稳步提高，鼓励学生个性化学习，以适应不同专业发展的需要。

一、需求分析

外语课程设计专家 Jack Richard 将语言课程设计的内容和过程归纳为六个步骤：需求分析、设定目标、语言测试、材料设计、语言教学与评价。需求分析被列为课程设计的首要位置，一般来说，在需求分析中，需求可以分为主观需求和客观需求、目标需求和学习需求等。

（一）客观需求和主观需求

客观需求是指所有关于学习者的个人信息（biographical data），如年龄、国籍、性别、婚姻状况、教育背景、学习的语言课程、语言上的困难、外语水平、目前或打算从事的职业等都属于客观需求。有专家指出，客观需求可以通过教师对学习者个人信息的分析以及他们的语言能力和语言使用模式等信息来判断。主观需求是指学习者对语言学习的认知和情感需求，如信心、态度和期望。书中指出学习者的主观需求还包括教学内容的选择、对教学内容的排序、教学方法与评价等。许多研究认为，客观需求分析在课程的规划阶段进行，而主观需求分析往往在课程实施阶段进行。事实上，这两种方法通常需要在一起使用。

例如，在课程评价阶段，学习者的客观需求和主观需求都应得到重视。

（二）目标需求和学习需求

需求分析可分为目标需求和学习需求。目标需求关注的是学习者在目标情境中需要做什么。对目标需求的分析包括确定目标情境的语言特征，让学习者清楚地知道他们想要使用的语言是什么，或者在什么情况下可以使用目标语言。在充分分析学习者目标需求的基础上设置课程和学习目标，让学生在课程中学习需要掌握的语言技能和知识。学习需求则包括教育背景、动机和兴趣等。在教学中，应重视学习者的学习需求，以帮助缓解学生的学习需求与现行大学英语课程之间的冲突[①]。

（三）需求分析的模式

需求分析包括学习者的个人资料的收集，学习目的和语言能力，学习者的态度、偏好、需求和期望。由 Munby 提出的目标情况分析（TSA = Target Situation Analysis）模式是一个复且非常详细的分析工具，课程设计者可以利用这些工具对学习者进行需求分析并建立档案，这些可以构成教学大纲的基础。作为 TSA 的补充，当前现状分析（PSA = Present Situation Analysis）主要是调查学生在语言课程开始前的语言状况、学生的基本信息和语言水平、对语言教学和学习的态度，除了目标情况分析和当前现状分析外，需求分析也是两个重要的需求分析模型。在大学英语课程设计过程中，可利用需求分析模型来研究学生的客观需求和主观需求、目标需求和学习需求，从而判断当前大学英语课程是否可以满足学生和社会的需求和发展。

二、大学英语课程的开发

Brown 的课程开发模式，除了需求分析，还包括其他五个方面：目的、测试、发展、教学和评价。评价必须贯穿整个课程设计系统而并不只是在最后阶段。在本节第一部分已经对需求分析做了充分的阐述，但是如果想要系统地开发大学英语课程，对其他五个方面必须要进行科学的分析。

（一）确立英语课程的教学目标

许多研究者认为，教学目标是课程的必要和重要组成部分。一般来说，课程设计有三种目标，即认知目标、技能目标与情感目标。无论是什么样的目标，都要根据学生需求和社会需求，特别是以学生为本，确立恰当的教学目标。因此，大学英语课程的教学目标是使学生掌握足够的英语知识，培养学生综合运用英语的能力，尤其是注重提升英语口语和听力能力。这样，学生在今后的学习、工作和社会交际中可以有效地运用英语进行口头和书面沟通并成功完成任务，同时增强其自主学习能力，提高综合文化素质，以适应我国社

---

① 汪军，严晓球.近十年来国内大学英语大班教学研究综述 [J].教育学术月刊，2011（11）.

会发展和国际交流需要。

（二）改革大学英语测试

学生的学习需求和社会需求具有较强的英语交际能力和综合应用能力。为了满足这种需求，语言测试，包括当前的大学英语测试（CET），都需要进一步的完善和改革，以适应大学英语教学的发展。

首先，确保高校学生能熟练地运用英语进行实践和交流来适应社会和经济的发展并通过测试来促进英语教学和学习。其次，充分利用计算机和互联网技术，进一步提高语言测试的效率和有效性。最后，完善 CET 和 EFL 这样大规模标准化的英语考试，进一步完善测试的内容与形式，提倡合理评价测试结果，最大限度地推动英语教学的发展。

（三）英语课程教材开发

教材是影响英语教学的主要因素之一，是学生英语输入的主要来源，也是英语教师的主要教学材料。教材应包括不同风格的文章，涵盖广泛的知识，反映最新的事态发展，有助于转变教师的教育思想，提高教学效率。教材不仅应包含英美文化也应该包含中国和其他国家的文化，用于提高学生的视听能力、口语能力及理解能力。此外，教材不应被视为英语学习和教学的唯一参照，还应该充分利用互联网上的英文资料、报纸和杂志来丰富教学内容。

（四）重塑英语课堂教学

教学模式的改变绝不只是要求教学方法的改变，更重要的是教学理念和教学实践的改变，即以教师为中心的教学模式向以学生为中心的教学模式的转变。将计算机网络课程教学与传统的课堂教学相融合，包括学生学习和自我评价、教师讲课、在线辅导、监控、管理等模块的融合。同时，在课堂教学中学生的角色应该从被动接受到主动参与，通过开展实践训练和活动、对热点问题的讨论、记者采访和论坛等来实现英语语言的交互功能。学生是课堂语言学习的主人，教师应成为教学活动和学生学习的指导者。

总之，新的语言教学模式应结合实用性、知识性与趣味性，充分利用各种丰富多彩的教学方法调动教师和学生的积极性，特别重视学习过程中学生的中心地位和教师在教学中的主导作用。

（五）构建英语课程评价新体系

课程评价应该贯穿整个课程设计系统，每个环节的评价与反馈都促进了课程目标的实现和发展。评价应关注学生英语语言能力的发展及学习效果，综合采用形成性评价和终结性评价，注重评价方式的多元化，将评价融入教学的每一个环节。这样既有利于激发学生学习的积极性，提升学生的英语综合能力，也有助于教师利用获取的反馈信息调整教学方案，完善课程设计。

综上所述，大学英语教学的发展是一个复杂的系统工程，学生是英语教学的中心，也是实现英语课程教学目标的人。社会是一个大的工厂，英语教学应该充分分析学习者的需求、社会的需求和未来的需求，培养具有较强竞争能力的大学生，把学到的东西运用到实践中去，让他们成功地融入社会。

第三节　生态视域下的大学英语教学

在过去几十年的发展历程中，我国大学英语的教学方法经历了巨大的变化。在不同时期，不同的教学理念占主导地位，因此某一种教学方法就成了那一时期的主流。如注重阅读和语法教学的语法翻译法；采取模仿、机械练习和记忆的听说法；通过情景组织语言操练的情景法；注重语言规律，在理解的基础上进行有意义操练的认知法；培养学习者通过目的语进行实际交际能力训练的交际法；以学习者为中心，在学习中通过完成各种任务来掌握语言的任务型教学法等。这些教学方法的演变是一个不断发展和进步的过程。然而，在当今以计算机多媒体和网络为背景的大数据时代，除了传统的课堂教学形式和传统的教材之外，各种电子读物和报纸、音像资料、影视作品、多媒体课件、自主学习中心、在线资料库等海量丰富的教学和学习资源都可以自由获得，尤其是慕课浪潮席卷全球，这就改变了以往单一的某一种教学方法一统天下的局面，大学英语教学受到了严峻的挑战，同时也意味着大学英语教学进入了后方法时代。笔者从生态学视角出发，探讨如何应对当今时代背景下大学英语教学所面临的挑战。

一、理论背景

一般认为，生态是指生物在一定的自然环境下生存和发展的状态。生态学是研究有机体与其周围环境相互关系的科学。生态学主张自然界中各种生物与其生存的环境相互联系、相互作用，构成一个自然的整体，也就是生态系统。大学英语教学不是教师在独立的时间与空间中向学生灌输，学生被动接受知识的过程，而是以学生为中心，以教师为主导、学生为主体的积极的意义建构过程，这一过程不可避免地要受教学信息、课堂条件、校园氛围、社会环境以及全球背景的影响，它们一起构成一个不可分割的整体。从这种意义上来说，大学英语教学就构成了一个微观的生态系统。教育生态学运用生态学原理和研究方法，特别是生态系统、生态平衡、协同进化等原理与机制，研究各种教育现象及其成因，探讨教育发展规律，揭示教育发展趋势和方向[①]。用生态学来研究大学英语教学中教师、学生、

① 杨淑萍，王德伟，张丽杰.对分课堂教学模式及其师生角色分析[J].辽宁师范大学学报（社会科学版），2015（9）.

教学信息及周围环境之间的相互关系,探索如何在大学英语教学中实现四者间的动态平衡,可以为大学英语教学提供新的研究视角。生态视域下大学英语教学的核心是系统观、整体观、平衡观、和谐观和可持续发展观。它关注的是教师、学生、教学信息及其周围环境之间的系统性和多元互动的整体性,因此强调任何一种因子而忽视其他因子的做法都是片面的、不可取的。大学英语教学的生态观,不仅强调以人(学生和教师)为本和人的可持续发展,同时还关注人与环境的共生与平衡,实现多元和谐发展。

二、生态视域下的大学英语教学

生态视域下的大学英语教学把大学英语教学看作一个生态系统,系统内的各个生态因子之间相互联系、不可分割,构成一个统一的整体。教学中要正确处理好各种生态因子之间的关系,充分发挥各自的优势;同时又相互协调,达到一种动态的平衡,从而促进其可持续发展。笔者认为大学英语教学这一生态系统由教师、学生、教学信息、环境等因素构成,这些因素之间相互依存、相互作用,平衡发展。

(一)生态视域下教师的角色

传统教学中,教师是教学活动的中心,是传道者和权威。而在生态课堂中,师生之间信息的传递不是单向的,而是双向互动的。教师在教学中不再是知识的灌输者与传授者,而是要充当多种不同的角色,这就给教师带来了巨大的挑战。①教师是引导者,在学生求知的道路上,指引他们前进的方向。②教师是教学活动的策划者和组织者,要精心策划好每一门课,甚至每一节课的课堂活动,并将其有效地组织与实施,保证教学活动的效果。③教师是管理者,良好的管理能力为教学活动的顺利进行提供保障。④教师是信息之源,向学生提供权威的知识信息。⑤教师是示范者,用其特有的方式把教学内容呈现在学生的面前,便于学生理解与掌握。⑥教师是课堂气氛的营造者,尽可能地为学生营造轻松愉悦的学习气氛,使学习不会成为一种负担和令人讨厌的事。⑦教师是激励者,不断激励学生解决求知和生活中的困难,使其健康成长。⑧教师是学生的朋友,分享他们的快乐与悲伤,给予学生必要的帮助。⑨教师是评价者,对学生进行客观公正的评价,指出其优点与不足,促进学生不断进步与成长。在这些角色中,教师与学生的地位没有主次之分,而是平等与相互尊重的。要做到这一点,教师就要在平等的基础上与学生对话,教师不仅是教学活动的主持者,也要做学生忠实的听众,聆听学生的见解与心声,做学生的好伙伴。生态学要求在大学英语教学中师生之间相互依赖、相互融合、平等和谐、共同发展,建立民主、平等、对话、和谐、共生的师生关系。

(二)生态视域下学生的角色

在生态大学英语教学中,学生不是被动的知识接收器,而是学习活动的中心,与教师、同学以及周围的环境积极互动，相互作用，实现自我发展。①学生是意义的积极建构者，在学习中参与各种课堂活动，凭借现有的知识经验和不懈的努力，理解和内化知识，建构意义，充分发挥自己的潜能和创造力，提升自我。②学生是学习活动的合作者，在学习中学生既要与教师积极配合，也要与其他同学密切合作，在合作中习得知识，培养良好的团队精神和沟通能力。③学生是自主学习者，要具备自主学习的能力，做学习活动的主人，主动学习、学会学习，养成良好的学习习惯，培养终身学习的能力。④学生是自我评价者，学生要能对自己的学业情况做出客观理性的评价，知道自己的优点和长处，也要清楚自己的缺点和不足，进而制订改进措施，完善和提高自我。⑤学生是乐于学习者，学习中当然要勤奋与努力，但也要营造轻松快乐的学习氛围。在快乐中学习，享受学习和成功带来的喜悦，在身心愉悦中成长进步，形成良性循环。

（三）教学信息

生态大学英语教学以学生为教学活动的中心，注重培养学生的自主学习能力，满足学生的多样化和个性化发展需求，这就对教学信息提出了更高的要求。这里所说的教学信息包括教材，但又不仅仅局限于教材。单一教材本身的知识面有限，教材中知识的呈现媒介相对而言较为单调，不利于学生知识的扩展，甚至可能会使学生失去学习兴趣。在网络与信息化高度发展的今天，死啃一本教材的教学模式显然无法满足学生多样化、个性化的学习需求，也不适应当前时代的发展。教学中要跳出单一纸质教材的樊篱，充分运用多媒体课件、音频和视频材料、纸质和电子图书、期刊和报纸、广播影视节目、微课、慕课、网络自主学习中心、数据库、虚拟图书馆等教学信息资源，使学生在学习上有更多的选择，能接触到更广博的知识，通过自己喜欢也适合自己的媒介获取知识，积极建构意义，提高学习效率。

（四）环境因素

就宏观层面而言，生态大学英语教学环境是大学英语教学赖以发展的多元环境的总和，包括自然环境、社会环境、学校环境和家庭环境等。生态大学英语教学的微观环境是生态大学英语教学的课堂环境，包括物理因素、人际关系因素、文化因素和心理因素等。本节关注的是如何优化生态大学英语教学的课堂环境。

1.营造良好的物理环境。具体包括教室的建筑要符合国家相关的标准；教室的大小要适中，过大或过小都不利于课堂教学与管理；周围要尽量减少噪声干扰；墙面和课桌椅等设施的颜色要柔和淡雅，给人以自然舒适的感觉，同时又不会分散学生的注意力；教室内光线要充足、柔和，通风良好，温度和湿度适中；要改变传统座位纵横排列的模式，采取"U"形等灵活的排列模式，便于同学之间分组讨论、协作学习，也便于教师走到学生中间，与每一名学生近距离交流，营造自由民主的学习氛围。此外，还要注重教学工具的建设。现代生态大学英语课堂除了传统的黑板、粉笔、桌椅等教学工具外，还应配备电脑、音响、投影仪等多媒体设备，以及稳定高速的网络连接。这些教学设施的使用，有助于教师在教学中充分利用丰富多彩的音频、视频资源，更直观地通过多种感官刺激，提高教学效果。

2. 构建和谐的人际关系。在生态大学英语课堂中，师生、生生、师师之间应该构建自由、平等、文明、包容的和谐人际关系。在相关规章制度允许，且不影响他人权利和利益的情况下，教师和学生可以自由地发表学习、学术见解，营造公开、开放的学习氛围。彼此之间相互平等，教师愿意倾听学生的声音，学生乐于与教师分享自己在学习和生活中的体验，在学习和生活中互帮互助，共同进步。人与人之间文明、友善，在文明、礼貌、竞争、有序的人文环境里学习成长，在尊重他人的基础上赢得他人的尊重。在追求自身个性化发展、自由发表见解的同时，要包容不同的声音和见解，营造出和谐融洽的学习氛围。

3. 打造有利于学习的文化环境。课堂文化环境既包括由教室、课桌椅、黑板、多媒体设备、墙报等构成的物质文化环境，也包括师生的价值观念、道德情操、班风、学风等精神文化环境。教室内的课桌椅和教学设施应合理摆放，同时墙面也可以适当布置，如设计积极向上的墙报，并进行一定的装饰，使教室里充满生气与活力；但是也不能过度装饰，以免分散学生的注意力。在精神文化方面，引导学生树立正确的价值观和人生观。在鼓励学生个性发展的同时，培养学生的团队协作精神，增强学生的集体荣誉感和自豪感，建立具有凝聚力和向心力的班集体，形成团结友爱、互敬互助的班风，以及勤学善思、热爱学习、善于学习的学风。

4. 优化生态大学英语教学的心理环境。大学是学生人生中非常重要的一个阶段，多重因素影响他们的心理状况，如学习因素、人际交往因素、就业因素等。优化生态大学英语教学的心理环境，就要尽量降低并缓解可能令学生产生紧张与压力的因素。这就要求以人为本，为学生提供开放、包容的心理环境，促进学生的身心健康发展。教师要勤于并善于与学生沟通，对学生多加鼓舞和激励，为学生营造轻松愉悦、积极向上的学习环境。家长对学生的要求要适度，他们对孩子怀有很高期待的心情可以理解，但应尽可能地保持在理性的范围之内，不要给子女施加太大的压力，尤其要避免家长不顾学生个人感受把自己的意愿强加在学生身上的做法。学生自身要树立正确的价值观，培养积极乐观的态度，有一定的自我调节能力和抗压能力。

构成生态大学英语教学的教师、学生、教学信息、环境等因素相互联系、相互作用。因此，要提高大学英语课堂的教学效果，就要处理好大学英语课堂这一生态系统中各个生态因子之间的关系。首先，要处理好教师和学生之间的关系，构建以教师为主导、学生为主体的，以学生为中心的教学模式，充分发挥学生学习的主观能动性。其次，要清楚地认识到，生态大学英语教学中的教学信息不仅仅来源于教材，还要充分利用各种现代技术手段，通过各种渠道获取有利于学生个性化发展的学习资源，使学生能够通过自己喜欢的方式，利用自己喜欢的学习资源来优化学习效果。最后，要为大学生学好英语创造良好的生态教学环境，从物理、人际、文化和心理等多方面为学生的英语学习提供环境保障，以期真正建立良好的生态大学英语教学系统，提高大学英语的教学质量。

第四节　对分课堂与大学英语教学

随着我国教育的不断改革，我国越来越重视教学质量和教学方法。传统的大学英语教学方式太过刻板、无趣，根本无法激发学生的兴趣。对分课堂教学模式强调师生的交流互动，改变教师"独角戏"角色，使教学具有针对性和实践性。大学英语教学应用对分课堂教学模式应注重课堂组织、设计和考评，以有效促进大学英语教学质量的提高。

一、对分课堂的基本概况

（一）对分课堂概念的提出

"对分课堂"是复旦大学心理系博导、普林斯顿大学心理学博士张学新教授根据认知心理学，于2014年提出的一种原创性的新型课堂教学模式。其核心理念是把一半的课堂时间给教师讲授，另一半给学生讨论，并把讲授和讨论的时间错开，让学生在课后有一定的时间自主安排学习，进行个性化的内化吸收。

（二）对分课堂的环节

对分课堂分为三个环节，分别为讲授、内化吸收和讨论，简称PAD课堂。对分课堂强调先教后学。教师首先应对教学内容进行宏观介绍，明确学生的学习范围，指出难点、重点。其次要求学生通过自主学习来进行个性化的内化吸收。在内化吸收的过程中，要求学生独立完成作业"亮考帮"。"亮考帮"是"亮闪闪""考考你"和"帮帮我"的简称。"亮闪闪"是指列出学生学习过程中自己感受最深、受益最大、最欣赏的内容等，至少一条。"考考你"是指列出自己弄懂了，但是别人可能存在困惑的地方，用来挑战别人，至少三条。"帮帮我"是指列出自己不懂的问题，在讨论时向别人请教，至少三条。最后是讨论环节。

（三）对分课堂的核心概念

1. 两个核心要素

对分课堂强调两个核心要素：一是把一半的课堂时间分配给教师讲授，另一半分配给学生讨论；二是将教师讲授和学生讨论在时间上错开，让学生在中间自主学习和个性化吸收。

对分课堂最初是为了调动学生的学习积极性[①]。要想让学生主动参与，教师必须让出部分课堂时间，交给学生掌控、主导，形成师生"对分"课堂的格局。在对分课堂上，教师介绍基本框架、基本概念，着重讲授重点、难点，但并不涉及全部教材内容。学生通过

---

① 张博雅.对分课堂：大学英语课堂教学改革的新思路[J].科学与财富，2015（12）：803.

教师讲授把握章节的基本内容，理解重点、难点，能大大降低课后的学习难度。在课后学习时，学生可以根据自己的个人特点和具体情况，凭自己的节奏去内化吸收，完成对教材内容更为全面的学习与理解。内化吸收之后，学生再回到课堂上，分组讨论学过的内容，然后与全班学生和教师开展深入的互动交流。同一内容，经过教师讲授、课后复习、分组讨论三个过程的分阶段学习，理解程度逐渐加深。

2. 对分课堂的核心理念

对分课堂的核心理念是：教师只用一部分时间讲授课程，其余时间交给学生分组讨论，在授课和学生内化之间架起桥梁。实施过程的关键是授课一周后（可根据情况调整）再进行讨论学习，学生在这两个过程之间进行自主性学习，完成内化。在大学英语中应用对分课堂教学模式，极大地推进了英语教学改革，教师更多的是留给学生时间和机会，让他们用英语交流探讨，转变成课堂的主动参与者，提高学生学习的自主性，提升学生对学习的参与度，让师生有更多机会互动交流，提高学生学习英语的兴趣和积极性，改善学生的"哑巴"英语状态，并促进学生独立思考。

二、对分课堂与大学英语教学

在大学英语传统课堂上，教师从头至尾进行详细的讲解，学生只是听众而已，被动接受所教的英语，没有机会参与其中。对分课堂为学生提供了良好的机会，可以通过实践使对分课堂这一理念更容易被接受与采纳。

（一）对分课堂在大学英语教学中的体现与特点

1. 使教学更有目的性

教师在讲授的过程中列出难点，让学生课下进行准备，下次上课时在课堂上进行分组讨论，让教学具有针对性，提高教学效果。针对性体现在：更高效地关注学生学习中遇到的难点，及时进行针对性的讲解，加强课堂教学效果，同时给学生充分实践的机会。强化听、说、读、写、译各方面的能力，在对分课堂上互相交流、讨论，很大程度上促进了课外实践的完成。

2. 使课堂参与程度从"一"到"多"

由于传统教学理论忽略了学生的认知感受和对课堂的参与性，过分强调和维护教师的主体地位，导致出现学生缺乏学习热情，师生之间缺乏沟通，教学效果不理想等问题。目前，笔者学校大学英语教学也出现了类似的情况，由于课时量有限，大部分教师仍采取唱"独角戏"的方式进行课堂教学，师生之间没有沟通与交流，教学效果可谓很不理想。

课堂上，学生数量通常较多，个人素质也不尽相同，因此，教师应该根据学生的认知水平和综合能力，实施针对性教学，可以将学生分组，进行引导，因材施教。学生分组讨论之前教师留下的难点问题，在讨论过程中，教师引导帮助各小组，使学生所学知识得到加深和升华；学生需要为讨论做准备，就会认真做作业和预习，这大大提高了学生的主动性和积极性。

3.使学生养成更好的学习习惯

培养大学生的自主学习能力是大学教育不可或缺的一部分，但是大学英语传统教学过程中，往往忽略了学生独立思考和自主学习的能力。对分课堂可以达到培养学生自主学习能力的目的，学生为了凸显自己的观点，课后会自主查阅资料，独立思考问题，并在小组内有效沟通，逐渐培养他们自主学习的能力和合作意识。在自主学习环节，学生为了完成内化，会主动思考问题，加深对知识的理解，不断加强学习能力。

（二）对分课堂在大学英语教学中体现的优势

1.有助于学生培养自主学习的习惯

传统教学模式下的大学英语教学，学生是被动进行学习，自主学习能力很差，而这对学生深化学习、创新精神的培养都是非常不利的。对分课堂教学模式是将课堂"一分为二"，在课堂上教师首先讲解本单元的重点、难点，然后学生进行自主学习。自主学习主要是学生课下利用微课进行学习，将学习过程中遇到的难点记录下来，便于下节课的互动、交流、学习。学生的自主学习有利于提高学生阅读、理解等多方面的能力，并且培养创新能力和综合能力，对今后的工作、学习有着十分重要的影响。但需要注意的是微课只是辅助工具，不要过分依赖，因为真正发挥作用的还是教师在课堂上的知识点教授。

2.有助于学生树立时间观念

在传统教学模式下学生对时间的掌握是非常被动的，只能按照教师的节奏来进行学习。而微课教学则是让学生变被动为主动，学生可以根据自身的学习状况来掌握各个环节的学习时间，通过学习来弥补自身的不足。这样不但可以有效提高自身的英语水平，而且可以节约更多的时间，让学生进行一些自己喜欢的活动。而对于那些英语水平较差的学生来说，这是一个很好的提高英语水平的学习方法，学生可以通过自己的喜好来选择微课视频，利用这种方法来提高自身对英语学习的兴趣，在短时间内提高英语水平。

3.有助于增加师生的交流机会，促进学习

在以往的教学模式中，教师具有绝对的主导地位，在课堂上学生与教师分工明确，教师进行教授，而学生只负责听讲。在这种模式下教师很少有与学生交流的机会，这不但不利于学生学习水平的提高，更影响学生学习的积极性。而在微课教学中，教师在课堂上讲完重要的知识点后，学生在课下利用微课进行学习，学生在微课中遇到不懂的可以标记下来，在下堂课中拿出来与同学、老师进行交流讨论，这样的学习过程给学生提供了质疑教师的机会，学生的学习兴趣大大提高，学生的知识点应用能力也会在讨论中有所提高。

（三）对分课堂为大学英语教学带来的挑战

1.教师要掌握合适的立足点

传统教学模式中，学生的学习时间、方法、评价、课程教授的进度等都是由教师主导和决定的，教师是主体。而在微课教学方式中，课堂上的主体由教师转变为学生，教师只是学生学习的引导者，教师在课堂上只需将重要的知识点向学生讲述即可，具体的学习由学生自己把握。教师更多的是给学生解惑，就学生在自主学习过程中所遇到的难题向学生解答，以此提高学生的自主学习能力，激发学生的学习兴趣。除此之外，教师在面对教育的改革、教学方式的转变时也应该是积极的倡导者与引导者，而不是阻碍者，教师应该积极学习，提高教学水平，适应不断变化的教学环境，找到最好的教学方式，因材施教，以学生为中心进行教学。

2. 互动、评价体系的建立

对分课堂教学中必须建立完善的师生交流平台，师生可以更高效地将学习中遇到的疑惑进行沟通，让学生及时得到教师的解答和指导，让学生有针对性地学习，更好地增加师生之间的感情，更重要的是可以快速提高学生的学习能力。另外，对分课堂模式还需要建立一个有别于传统的完善的教学评价系统。传统的评价系统是单向的，对学生的评价是采用期末考试的单一方式，微课教学中的新评价体系应该是同时对师生进行双向的评价，通过对学生进行评价可以发现学生的薄弱环节，通过对教师的评价则可以帮助教师改善教学方法，提高教学质量。不管是建立师生互动系统还是评价系统都必须有强大的技术以及专业的人才支持，如果只是脱离实际的系统研发，所起到的效果只能是适得其反。

3. 应试教育与对分课堂模式的冲突

应试教育背景下教师的教育以及学生的学习精力都放在了主要考点上，这对学生的自主学习能力来说是非常不利的。而推广对分课堂模式最大的问题就是需要学生的自主学习能力，这对于已经适应传统教育的教师和学生来说都是非常困难的。如何避免这一冲突或者将其缺点降到最低是未来一段时间需要解决的课题。

第五节　慕课时代对大学英语教学的影响

现代信息技术的迅速发展，对现代教育事业有着重大的影响。慕课时代已来临，它弥补了传统教学的缺陷，以一种新型的开放在线教学模式吸引了一大批学习者，特别是对当代大学生产生了重要的影响。慕课的兴起，对大学英语教学也形成了很大的冲击，在受到越来越多重视的同时，也给传统英语教学方法敲响了警钟。本节就慕课时代对大学英语教学的影响进行分析，就它对英语教学的正面影响和负面作用进行论证，以期为大学英语教育的平稳发展提供理论参考。

慕课的英文全称是 Massive Open Online Course（MOOC），即"大规模开放的在线课程"，从英文全称中可以看出，它主要依靠的是现代信息技术，拥有大量的教学资源，并通过数字化的教育平台和远程教学实现资源的共享。慕课在大学英语教学中的使用，有利也有弊，笔者通过具体的分析来论述利和弊。

一、慕课教学的有利影响

慕课教学是现代化的产物。大学作为教书育人的高等学府更应该紧跟时代的发展，毫无疑问的是，它的出现确实打破了传统教学模式，特别是大学英语教学模式。慕课时代的到来对于大学英语教学的弊端具有弥补作用。一方面，笔者通过探讨慕课的优点，来论述它对英语教学有利的一面。慕课的优点主要有以下几点：

（一）配备齐全

慕课教学是源于美国高校的一种全新教学模式，这种网络在线教学配备齐全。作业批改、辅助性学习管理，学生可以在网上任意选择自己感兴趣的学科进行学习，并且在学习的过程中，学生必须接受一定的考试才能进入下一个学习阶段，拥有完备的教育流程。配备齐全的教学打破了传统教学中固定的单一授课模式，空间和时间上有了更多的自由，对于学生的学习更有帮助。

（二）拥有最一流的教学团队

慕课教育的教学资源是国际上一流的专业名师，拥有得到世界承认的学术水平。这对于大学英语学习具有很大的促进作用。我们知道，英语是外来语，对于英语专业的学生来说，大学英语教师的教授远远不能满足他们对外国文化的需求，所以慕课教学很好地弥补了这一点，其可以通过慕课教学向国外的名师来学习英语，了解外国文化，学习更多的英语知识。

（三）慕课具有自由的学习时间和空间

传统大学课堂一节课都是50分钟，由教师一人面对大课堂向学生授课。这种教学方式，容易使大多数学生注意力不集中，积极性不高，长此以往便失去了学习的兴趣。慕课则很好地弥补了这一缺陷。

（四）学习上打破了时间和空间限制 ①

每一节小视频的时间也多为十几分钟，每一节也多以教授一个小知识点为主，这很好地集中了学习的注意力，提高了学习效率。慕课教学的这些优点很好地弥补了大学英语教学的不足，对于学生的学习有很大的帮助。

此外，慕课教学提高了整个大学英语教学的效率，主要从两个方面来论述。从教师角度来看，慕课教学把老师从繁重的课业教学中解放出来，通过慕课，学生和老师可以通过网上互相探讨完成学习任务。同时，慕课教学，还可以提高教师的专业知识水平。英语教

① 柴霞 . 基于"对分课堂"的大学英语教学实践与反思 [J]. 曲阜师范大学公共外语教学部，2016（6）.

师有更多的时间去学习一流大师的教学，积累经验，丰富自己的教学方法。从学生的角度来看，慕课教学很好地改变了一对多的教学模式，学生可以向老师提出自己的疑惑，通过网上交流，解决问题。英语学习，更注重的是口语，所以对于学生来说，通过国外的网络资源平台，学习标准的美式英语或者英式英语，提高自己的英语水平。慕课时代尊重学生的主体地位，能更好地帮助学生发现问题、解决问题，提高整个英语教学的效率。

二、慕课教学的不利影响

慕课教学是科技的产物，更准确地讲，主导的是个性化教学方式。笔者通过查阅相关的论文资料，发现慕课教学对大学英语教学的有利影响最多，而对于这一独特的授课模式的不利因素探讨甚少。笔者通过三个方面来论述慕课教学对当下英语教育的不利影响：

（一）慕课教学方式不易提高学生英语学习的自主性

大学不同于高中，很多知识要学生自主学习获得。慕课教学的最大特点是具有时间和空间的自主性，学生也不用去教室，只需要在网上平台听老师的课。这对于没有很好的自制能力的学生来说，并无好处。松散的授课方式只会滋生懒惰的行为，所以接受的对象只是一小部分学生。笔者查阅相关资料，慕课教学中英语课程所选的比例不到10%，对于优秀的英语授课，很多大学生并不适应，所以在英语教学中的作用也不是很明显。

（二）慕课与传统教学方式相比，并不具有很强的实践性

英语教学重在听、说、读、写，慕课教学只是一种网上视频学习，不具备很强的实践性。对于大学英语课教学，学生的说占了很大一部分，慕课教学则省略了这关键的一步，只会听不会说。此外，语言障碍并不是一下就能够解决的，在这个过程中，教师扮演着重要的角色。所以传统教学中教师对学生的点拨，以及教师与学生共同的交流都是慕课所无法比拟的。

（三）慕课教学让英语教师有很大的危机感

慕课有一流的英语教学团队，如果所有的高校都通过慕课来教学，那么大学英语老师的教学便没有了意义。慕课的英语教学是国内外最一流的团队，在和他们的比较下，教师的全部注意力便集中在向他们的学习上，这并不利于新的教学思想的出现，只会带给教师较大的压力与危机感。所以，慕课教学对于大学英语教学并不都是有利的，同样也有负面影响。

综上所述，慕课教学在大学英语教学中有着双面的影响，因此，教师和学生要充分地了解慕课教学的模式和方法，实现大学英语教学的创新化发展，提高教学质量和水平。

第六节　微课与大学英语教学

伴随着生活中微博、微信、微电影的到来，我们进入了生活的微时代，大学的教学也紧跟时代，目前教育部门已开始积极推广微课。微课已成为高校课堂的一部分并被广泛应用，学生进入了学习的微时代。微课改变了学生的学习习惯和方式，改革了大学英语课堂模式，成为英语教学的重要手段，各高校因此掀起了制作微课的热潮。大学英语作为高校的一门重要公共课程，大学英语教学一直走在英语教育和教学改革探索的前沿，课堂教学模式的改革是教育教学改革的重点。在目前的微时代，教师的任务是利用微课提高英语教学的效果，开展微课在英语教学中的有效研究来满足学生学习的需求。

一、微课的概述

微课的英文名叫 Micro-Lecture 或 Micro-Lesson，其最早是在 1960 年年初由美国大学提出并采用的。微课全称为"微型视频课程"，其是以教学视频为主要呈现方式，内容围绕学科知识点、习题的疑难问题、实验操作等的教学过程及相关资源，是基于学科知识点而构建生成的新型网络课程资源，是教师借助设备和网络平台展示某个教学任务的方式。微课时长一般为 5~10 分钟，即 10 分钟以内。微课不是完整的教学而只是教学的一部分或一种资源，是传统课堂学习的一种重要补充和资源拓展。在信息技术高速发展的时代，微课是依托互联网的一种知识传播和传授的崭新方式。微课的核心是教学视频，包含与教学主题相关的教学设计、素材课件、教学反思、练习测试、学生反馈、教师点评等辅助性教学资源。

微课可以根据教师的喜好和实际情况分为三种使用模式。第一种为课前使用。课前使用微课是让学生提前熟悉本课堂将要学习的重点或难点知识，将预习的作用发挥到最大化。第二种为课中使用。在课堂授课中使用微课能节省教师讲解本课知识的时间，有更多的时间和学生交流和互动。第三种为课后使用。课后教师利用微课来布置作业，让学生观看微课视频自主学习，能加深学生对所学知识的印象，帮助学生巩固课堂所学，提高学生的学习效果。微课的功能体现在它可以录制微视频用于课前、课中和课后的教学，改变了传统的教学模式。知识的传授通过网络在课前完成，知识的内化在课中通过练习、交流和讨论完成，知识的更高层次的探究和巩固则是在课后完成。

微课的特点有很多。第一，微课教学时间短，有灵活性。微课教学课程在时间控制上具有短小灵活的特点，微课的时长一般在 10 分钟以内，时间短可保证学生的注意力集中。学生利用课余时间灵活自主地完成辅助学习过程，提高学习质量。第二，微课制作简便，使用方便。微课的制作并非要具备高端的技术，制作条件容易满足，视频的容量较小，播放格式简便，可在线观看或下载。在网络与移动设备的支持下，学生随时随地都可通过在线观看、网络下载等方式学习微课，可通过反复播放和暂停来加深印象和解决疑问。第三，微课主题突出，针对性强。一堂微课中，教师只围绕一个知识点展开教学，主题更加突出，教学的目标细化而明确。第四，微课具有趣味性和新颖性。微课的制作可以结合PPT、表演、实验、动画等，集文字、图像、声音、电影片段于一体，形式新颖并在视觉和听觉上激发学生的兴趣，吸引学生的关注，营造轻松愉快的学习氛围。第五，教师通过微课可以获得及时的反馈。由于微课的教学是时间短且人人参与，教师能及时得到学生对自己教学方案的真实而客观的反馈，并了解学生的评价。同时，教师可了解学生的学习进度和思想活动，对学生的作业及时点评，给出意见。

微课的优势体现在方方面面。对于教师来说，微课可以提升教师的教学能力，丰富教师的教学手段。通过制作微课，教师可以掌握整合英语教学内容和现代信息技术的综合能力，不断改进自己的教学方式，提高专业能力和教学质量。对于学生来说，微课可以保证学生学习的自主性，增强学生学习的兴趣和信心。微课倡导以学生为主体的个性化学习，拓展学生的学习渠道，因材施教。学生学习不受时间和空间的限制，可以掌控自己的学习进度，反复观看教学视频直至彻底学会。从师生互动方面来说，微课可以促进师生交流，建立新型教学关系 ①。微课让教师有更多的时间和学生进行交流互动，使教师角色发生转变，成为传授者、解惑者和引导者，师生关系因此变得更加亲近。从教学效果方面来说，微课改变了传统大学英语教学模式，提高了教学效率。微课的主题针对性强，节省教师的时间和精力，学生自主掌握教学重点和难点。以学为本的微课改变了以授为主的传统教学，课堂成为集中答疑和共同做练习的场所：学生提问、教师解答、师生互动、生生讨论。

二、微课教学中存在的问题

微课视频教学时间过长。有的教师整堂课都使用微课视频教学，学生当作看电影，不知课堂重点，注意力分散，渐渐失去了学习兴趣。微课要作为辅助教学工具来结合传统教学模式，时间必须控制在 10 分钟以内并严格把握教学目标和知识点的"量"，避免填鸭式教学。

微课内容针对性不强，主题不突出。有的微课真正成了"碎片式"教学，内容过于杂乱，前言不搭后语，东一段、西一段的。教师要确保每节微课只讲授一个知识点，选择重点、难点、易错点，这样主题才会明确而有针对性，语言要力求简练，能直接点出主题。

微课制作花哨，形式过于烦琐。有的微课只注重视频展示的形式，利用花哨的制作手段而忽略了讲授的内容，本末倒置，喧宾夺主。学生的关注点都放在形式上，这都不利于学生理解和记忆教学内容。教师在制作微课时应简单明了、形式新颖、一目了然，切忌烦琐，应摒弃花哨的外表。

---

① 谷陟云.罗杰斯的人本主义教育观及其启示 [J]. 现代教育科学，2009（10）.

微课制作视频不具观赏性，音频没有感染力。有的微课视频内容简单，没有趣味，甚至质量模糊。有的教师录制音频时声音平淡冷漠，甚至有杂音，无法吸引学生的注意力并感染学生情绪。教师在制作微课时要注重制作的细节，保证音频和视频的质量，视频要精选能代表本课和有趣味的内容；声音要多展示激情，提高声音的表现力，抑扬顿挫、风趣幽默。

微课制作盲目，不了解学生的实际情况。有的教师在制作微课时不了解学生的英语基础，制作的内容或是简单轻松，或是高难晦涩，学生学习与自己水平不符的微课内容，教学效果根本达不到。教师要充分了解学生的实际情况，制作与学生水平相一致的微课。同时，对学生容易出现的错误和问题，要重点强调，做到有的放矢。

三、微课纳入大学英语教学中的步骤

第一步，制作和收集微课教学课件。做好微课课件的制作是微课教学模式的基础工作。教师可以根据课前、课中、课后三个阶段的不同学习任务，制作三类微课课件。课前微课有预习准备的功能，课中微课有练习互动的功能，课后微课有复习巩固的功能。教师要根据课前、课中、课后三阶段的不同任务合理有效地安排微课的内容，还要注意微课课件的制作质量。教师可以从网站上收集优秀的微课或自行制作微课，每节微课前两分钟左右是趣味导入，吸引学生的兴趣。接着是要点内容，详细而生动地讲解本课的要点和难点，保证学生能把知识点学扎实。微课的结尾处教师可加入热点和流行词来烘托气氛，使学生意犹未尽。

第二步，课前发布微课学习视频。大学英语微课制作完成后，在课堂教学开始之前，教师上传微课视频，要求学生在线或下载观看微课视频，对本课的某个知识点提前学习。学生在观看和学习的过程中，遇到难懂的知识点可以反复点击"暂停""重放"来放慢学习速度，反复操作直至学会。同时，教师要求学生记录学习笔记，针对微课内容写出课堂上准备提问的问题和准备与学生讨论的话题。在这期间，师生可以在线交流互动和反馈，但更重要的是培养学生自主学习和解决问题的能力。

第三步，课上利用微课练习和互动。课上，课堂成为答疑、讨论和共同做练习的场所，教师发挥引导作用，是学习的引导者而不是信息的传递者。首先，学生向老师或同学提出自己在课前学习微课时发现的问题，教师给出解答的同时学生也发表观点和见解。其次，教师要求若干名学生根据自己的课前微课笔记，将所学的知识点向大家做汇报以便了解学生的掌握情况。再次，教师播放课堂微课练习视频，设计练习环节使学生巩固课前学到的知识点，练习的设计要有趣味性，这样学生参与的积极性较高。课堂难点的讨论与互动是必不可少的，教师把微课学习之后值得探究的问题，让学生以小组的形式讨论和交流，各组派代表展示讨论结果。最后，教师安排小组进行竞赛和游戏等丰富多彩的活动，学生可以在活动中加深对知识点的记忆，提高学习效率。

第四步，课后利用微课巩固和反馈。教师利用微课布置课后复习巩固的任务，是对课堂学习的有效补充。教师在微课中安排有针对性的自主复习任务和练习拓展，并要求学生在网上完成作业，如需要思考和讨论的问题、英语小作文等。学生完成作业时，教师利用网络对学生的表现做出评价和反馈。学生通过微课作业练习巩固所学的知识，遇到难题可在网上继续与教师和同学交流、讨论、互动。课后的互动讨论和完成作业实现了知识的深度内化，使学生养成了良好的英语学习习惯，还提高了英语水平。

微课时代要求师生的教与学都要与时俱进，随着互联网的飞速发展，微课视频教学取得了显著的成绩，创新了教学并提高了学习效率。微课是传统课堂学习的一种重要补充和资源拓展，为高校英语教师和学生提供了广阔的空间和学习新体验。但微课在教学中仍是新生事物，它的使用和推广还处于探索阶段。在应用微课过程中，教师要明确它的优势，摆正它的位置，用合理而正确的方式使用它，而不是夸大它的作用；反之会影响教学和学习。教师要继续开展微课有效应用的实践研究，让高校英语教学更上一层楼！

第七节　后方法视域下的大学英语教学

英语教学法从过去的"方法时代"一路走来不断发展更新，经过人们大量的探索与实践，早期的传统教学方法由最初的语言翻译法转化为情景教学法，进而发展为听说法，之后又衍生出任务法、折中法和交际法等，这些方法都在一定程度上为外语教育的发展做出了贡献。但是传统的教学方法具有一定的局限性，始终无法使教师和学习者从方法的思维定式中走出来。英语教师大多依赖于外语教学中所谓的"现成的教学方法"，其普遍的教学理念是语言学家和教育学家已制订出现成的外语学习方法，只要按照规定的教学步骤进行课堂教学就会取得成效。因此在教学过程中，教师往往偏好追求优化的教学法，而忽略教学方法与其他因素的相互性。传统的英语教学还缺少对外语教学特殊性的考虑，往往分开看待教师与学生的角色，忽略教学过程中对学生和教师身份的认同与建构，从而导致传统的教学方法在实践中不断显露出局限性，难以满足当代外语教育的发展与进步。

一、后方法时代的到来

多年来，学界一直在努力探索真正适合英语教学的方法和理念，直到1994年，美国加州圣荷西州立大学应用语言学教授Kumaravadivelu（以下简称库玛教授）在其发表的论文《后方法条件：萌芽中的二语/外语教学策略》中首先提出了"后方法"这一概念，旨在"寻求替代教学方法的研究，并非寻求另外一种替代性的教学方法"；并在其后发表的《理解语言教学：从方法到后方法》一书中指出，对于传统的教学方法，人们普遍存在五大认知误区。

第一，外语教学必然存在一个学界尚未发现的最优方法。库玛教授认为，在实施外语教学方法的时候需要将学习环境和学习需求等变量考虑进去，故不存在一种面对所有教学领域的最优方案。

第二，教学法是语言教学的组织原则。库玛教授认为，这种观点未包括教师认知、社会需求、政治、文化等因素对外语教学的影响，故无法阐释语言教学的复杂性。

第三，教学法是普适的①。库玛教授认为，不同的教学环境下的学习者以及教师都有其自身差异，这些差异的变化会决定教学法的效果，所以不存在普适的教学法。

第四，理论家建构理论，教师应用理论。库玛教授认为这一观点会引起理论与实践的脱节。

第五，教学法是中立的，不会受意识形态的影响。库玛教授认为，教学法必然受教学者和学习者的影响，不存在中立的教学法。基于此，在本书中库玛教授提出了一个区别于以往教学法的"后方法"教学法，如三大教学参数以及十大宏观策略。而后，库玛教授又在《全球化时代的语言教师教育》《超越教学法：语言教学的宏观策略》中阐述了后方法的具体内涵，英语教学法迎来了"后方法时代"。

二、后方法教育理论体系

在传统的自上而下的教师培训模式中，实习教师往往处于被动地位，缺少构建自己教学理论的机会。教师培训者通常将已有的教学方法全盘授予实习教师，而忽视了实习教师个体教学经验的重要性。教师培训者和实习教师的知识和经历都应该被重视和尊重，后方法教师培训者的职责是帮助实习教师在反思以往教学经验的同时锻炼教学的自主性，并鼓励他们在教学过程中批判地思考、平等地科研。

（一）"后方法"三大教学参量

库玛教授倡导的"后方法"教学法是一个广义的概念，它不仅包括课堂教学策略、课程目标、评价方式等，还包括历史、政治、社会、文化等直接或间接影响教学的因素。为了帮助教学工作者更好地理解后方法的内涵，库玛教授还构建了一个三维系统，并提出了三个教学参量。

库玛教授提出的第一个教学参量为"特殊性"，指"在特定的社会文化环境中，特定教师在特定教育机构里教授追求特定目标的特定学生"。从教学法的视角考量这一参量，这种特定性"既是目标又是过程"。特殊性主张有针对性地进行外语教学，在考虑到学习者具有差异性的同时，也不能忽视教学环境的差异性，更要重视社会、文化、政治等因素对教学情境的影响。

第二个教学参量为"实践性"。实践性不仅与日常的教学实践有关，更与直接影响课

---

① 陈爱梅.人本主义学习理论及对外语教学的启示 [J]. 辽宁师范大学学报，2003（3）.

堂教学的指导理论有关，它着眼于教学理论与教学实践之间的关系。库玛教授提出这一教学参量旨在鼓励教育工作者在教学实践中生成教学理论。他认为，只有参与到实践中的教师才能探索并创造出最适合教学的实践理论。理论与实践是处于动态互动中的，要在行动中思考、在思考中行动，这可以使教师及时发现教学中存在的问题，分析并评估获得的信息，衡量并甄选教学方法，并最终选择出最适合的教学方案，形成批判式的教学理念。

第三个教学参量为"可能性"。可能性参量由巴西教育家保罗·弗莱雷的思想衍生而来。他认为，外语教学工作者与学习者都应关注社会现实，并保持高度敏感性，不能忽略社会、政治、文化因素的影响。可能性主张在教学实践中重视教学双方的个人教学或学习经验，避免将外语教学仅仅局限于在课堂内讲授语言功能知识。此外，可能性参量鼓励教学工作者利用学习者自带的社会文化意识，从语言和社会两方面出发进行教学实践。

"后方法"超越了传统意义上的"具体教学法"的概念，不再着眼于某种具体的教学方法，也不追求所谓的"最佳教学法"，而是转而关注创新教学思想，大胆突破以往的教学定式，使教育工作者更注重不同个体的需要，进而灵活地调整课堂教学内容和方法，更高效地进行教学活动。

（二）"后方法"的三种角色定位

从本质上来说，后方法强调的是对教学情境的敏感性，这就要求不同的教学活动参与者扮演好不同的角色。库玛教授重新界定了在后方法视域下的学习者、教学工作者与教师培训者的角色内涵。

后方法学习者具有高度的自主性，不再依赖于他人，而是构建属于自己的学习策略并识别出自己的学习风格。他们具有合作精神，善于与成功的语言学习者交流学习方法和学习心得，并辩证地改善自己的学习策略；他们通过监督语言学习的过程及时评价自己的学习策略，定期进行自测来发现学习问题；他们不再满足于获取课堂的知识，而是通过其他各种渠道积极拓宽自己的知识面，比如去图书馆或学习中心。

像后方法学习者一样，后方法教师同样具有自主性，有一定的能力和信心构建并贯彻他们的教学实践理论，其可以把握教学环境的特殊性并且接受社会政治条件的可能性。教师自主和教师赋权是后方法的核心理念。基于这种理念，接受培训的教师不再拘泥于某一具体的规定性教学方法，而是能以三大教学参量为导向进行教学实践，在实践中总结教学经验并回归到教学实践中，并且能够通过教学实践对实际教学过程中出现的各种教学问题进行分析，及时调整教学方式。后方法教师的角色由传统意义上知识的传递者或理论的执行者转变成了实践者、研究者和理论创造者。

综上所述，特殊性参量反对预设教学原则，转而关注具体的教学情境，以理解实地语言、社会文化和政治的特殊性为目标；实践性参量反对人为地将理论家与教师截然对立分开，倡导教师与理论家一体化；可能性参量反对将语言狭隘地限制于课堂教学中，鼓励学习者在外语课堂中寻求身份认同。这三个教学参量相互补充，对教学工作者的教学活动具有深刻的指导意义。

（三）"后方法"的宏观策略框架

为进一步解释后方法在实际课堂教学中的运作机制，库玛教授又进一步总结了十个具有连贯性和生成性的宏观教学策略框架：①学习机会最大化：教育工作者要为学习者创造学习机会，适当介入；②意图误解最小化：将教育工作者与学习者之间产生误解的可能性降到最小，避免出现教师的教学意图被学生错误理解的情况；③促进协商式互动：教育工作者应引导学习者与自己进行课堂互动，鼓励师生间的交流与合作；④培养学习者的学习自主性：教育工作者要重视培养学习者自主学习的意识，养成自主学习的习惯；⑤培养语言意识：教育工作者应关注学习者对语言的敏感度，包括对语言的结构与功能的学习；⑥激活启发式教学：教学工作者应避免直接教授学习者语法规则，而要引导他们进行总结与推理；⑦语言输入语境化：教育工作者要使学习者意识到社会文化因素在语言学习及应用中扮演着重要的角色；⑧整合语言技能：教育工作者应培养学习者的语言综合能力；⑨确保语言教学的社会相关性：教育工作者在关注语言教学的同时，也要涉猎社会、政治、经济、文化方面的知识；⑩提升文化意识：教育工作者要重视学习者不同的文化知识背景，将其利用到课堂的实际教学之中。

三、后方法对我国大学英语教学的启示

第一，教育工作者要突破传统教学方法的思维定式，不再局限于某种具体的教学方法，而是根据学习者的差异性不断调整自己的教学策略。后方法理论框架强调教师与学生的互动，通过与学生的交流及时获得教学反馈找到教学中的缺点与不足，依据实际的教学情况设计出具有个性化的教学方案，丰富学生的课堂活动，以学生为主导，摆脱教学法的束缚，灵活教学。

第二，教育工作者要创新自己的教学模式，避免传统教学法理论与实践的脱节以及教学与教师之间的失衡。教学不仅是学习的过程，更是创造的过程。作为教育工作者，在教授知识的过程中不仅要为学生创造学习机会，也要引导学生在学习中进行创造，将每个学生看成独立的个体，在考虑到其个体差异性的前提下，充分发挥学生的主观能动性。在教学过程中，还应将学生的个体所需纳入教学计划与课程安排的考量范围，在了解学生的知识水平和学习目标的基础上，根据相应的教学大纲和教材等来制订课堂教学计划，对不同水平的学生有针对性地设计有梯度的教学内容。

第三，教育工作者应积极寻求课堂内的角色转换。随着多媒体技术的不断更新和互联网技术的不断发展，课堂的组织形式不再单一化，越来越多的科技手段被应用到外语教学中，多媒体课堂为外语教学增添了活力，教师与学生的互动更加紧密。教师从传统意义上的课堂组织者、领导者与教学者变成了学生学习的引导者与启发者。教师与学生是一种新

型的合作关系，一起学习、一起进步。

第四，教育工作者应适度将文化引入教学，培养学习者的跨文化意识。语言作为文化的载体，除了是学生获取知识的桥梁，更重要的作用是传播文化。因此，教师应重视对学生进行与教学有关的语言文化的输入，让学生了解蕴含在语言背后的国家人文、历史事件和风土人情，在文化的熏陶中进一步感受语言学习的魅力，进而增加语言学习的趣味性与主动性，让外语课堂教学不再枯燥乏味，使学习变得更加立体生动，减少因文化差异而导致的语言理解障碍，提高学习成效。与此同时，还能够拓宽学生的全球化视野，使其多元文化意识和跨文化交际能力得到显著提升。

第五，教育工作者应注重培养学生的自主学习意识和能力。在初级阶段，学习者对于外语的学习需要教师的大量帮助与介入。但是随着学生英语水平的提高，学习者的外语知识达到了一定的水平，具备了自我学习的能力。此时，教师应转而关注对其学习自主性的强化，使学生能够在外语学习的过程中积极主动地探索适合自己的学习方法与策略，更能够树立切实的学习目标并合理安排学习进程，树立自主学习和终身学习的观念。

第六，教育工作者应关注外语学习与运用的语境。语境对于语言的习得至关重要，语言环境的缺乏会直接影响语言的输入，并制约英语学习的效果。一方面，教师应将后方法的参量转化为微观教学措施，努力建构"自然与真实的"语言环境，通过开展形式多样的语言活动来创设语言环境，使学习者在双语言交际中实践对语言的理解与运用，帮助学习者发展语言综合技能，丰富并优化外语学习策略和模式，在真实互动中强化语言思维。另一方面，学习者也应积极锻炼自身学以致用的能力，利用好现代化外语学习的资源和条件，寻求外语输出的机会。

第七，改革教师培训模式，以培养实习教师的自主性与创新性为导向。负责教师培训的相关人员应培养实习教师对于当代教育改革的敏感性，辩证地看待教育的发展与变革，让实习教师自由地表达思想、分享经验，并与他们共同探讨关于语言学习与教学的心得体会；鼓励实习教师进行批判性思考，把个人平日积累的知识和专业知识结合起来；平等搭建研究平台，与实习教师共同进行科研活动，而不再将实习教师看成研究的对象。

后方法是对传统教学方法的超越，它将教学工作者从方法至上的思维定式中解放出来，不再像以前一样拘泥于某种教学法，而是在教学实践中给予他们更大的发挥空间，使他们具有更高的自主性和创造性，也使得外语教学更加个性与灵活。虽然库玛教授为教育者提供了一个"后方法教学"的指导框架，但是他实际上并不主张教师完全照搬自己的理论，而是鼓励他们批判性地进行学习与借鉴，在实际教学中探索出适合自己的教学方法，勇于创新，学会针对具体的教学环境、课程目标和学生个体来选择相应的原则指导自己的教学活动，并阶段性地从学生的反馈中进行动态的调整和优化处理，这样才能形成良性循环，使教师和学生共同进步，进而取得最佳的教学和学习效果。

第八节　大学英语教学课外延伸的实证

随着经济全球化的日益发展，世界交流往来的日益频繁，社会对非英语专业大学生的英语水平要求也越来越严格，这也是我国大学英语教师在教学工作中的重点教学内容之一，现阶段大学英语教学中大学英语教师仅仅围绕着大学英语教材进行教学，已经满足不了社会发展的需求，如何转变大学英语教学模式，是大部分大学英语教师面对的主要难题。大学英语教师应改变传统的教学模式，使学生不仅在课堂中收获英语知识，也要在课外积极进行英语知识的延伸，使大学英语走出课堂，提高大学生的英语能力与英语水平。

在我国非英语专业的大学英语教学中，学生获取英语知识的途径仅限于老师的课堂教学，大学英语方面的学习也仅仅是听、说、读、写、译等五个方面的学习，而过多地设计教学模块，也仅仅是对英语课程本身的加重，受大学课程表、上课时间等因素的影响，大学英语课程的学习根本达不到教学目标的要求。针对这一现象和问题，本节主要以大学英语教学课外延伸的实证，进行以下几点分析。

一、现阶段大学英语教学中存在的实际问题

大学教师在对非英语专业的大学生进行教学时，以下问题的存在，使得大学英语教学仅仅依靠课堂教学，教授学生听、说、读、写、译五个方面，不仅对大学英语教师是一个严峻的考验，也是大学生面临的难题。

（一）大学英语课程安排课时过少

根据笔者实际走访调查的情况，在我国大学英语的课时设计中，由于大学是学生重点学习相关专业知识理论的阶段，从而使大学英语课时设计相对要少得多，针对非英语专业的学生课程，各个高校每周的英语课程1~2堂，这样的课程安排，想让教师在有限的时间里培养学生听、说、读、写、译五个方面的各种英语技能，实在是很难，而且由于每位学生的英语水平普遍不一致，对英语的理解和运用能力不同，就会增加教师的教学难度。在大学英语教学中，课堂教学任务有很多，不能在仅有的时间内，将英语教学内容都学完，这就需要学生利用课后时间来完成，由于大学生没有教师及时进行督促，使得学生课后完成情况非常不好，这也是现阶段英语教学中存在的主要问题之一。

（二）大学生英语课堂教学没有英语语境氛围烘托

在非英语专业的大学英语教学期间，学生接触英语语境的时间非常少，仅仅是在大学英语课堂中，教师在教学中说的英语口语，或者是教师播放的英语语音、视频等，给学生

营造的英语语境氛围①。但是，这一点英语语境是远远达不到英语语境效果的，为此教师需要在课后让学生借助其他手段，培养自身的英语语境和英语语感，只有在良好的英语语境氛围中，才能使学生真正地锻炼自己的英语水平，英语日常教学中还可以让学生了解更好的西方文化，从而激发学生学习英语的兴趣，为学生自身发展带来好处。

（三）大学生普遍不重视英语

我国大学主要是对学生进行专业学科的教学，让学生掌握专业学科的相关知识，而非英语专业的大学生，由于对英语学习的兴趣普遍不高，而自身常常有这样的错误想法，认为学好本专业相关知识就好，其他学科根本不重要，很大程度上限制了学生学习英语的兴趣；还有很多学生没有意识到英语学科的重要性，总觉得学习英语就是浪费时间。而学校自身为了提高学生的专业水平，将英语课程的安排相对减少。很多学校也会出现，非英语专业学生通过大一一学年的学习，大二就将英语学科取消，加强本专业的专项练习，学校自身没有充分认识到英语的重要性的现象，从而导致学生没有更好地认识到英语的自身价值，等学生步入社会，认识到了英语的重要性时却为时已晚。

二、大学英语教学的课外延伸应从哪几个方面入手

针对上述问题，大学英语教师应该积极想出解决对策，从而加强培养学生学习英语的能力。第一，大学英语教师要在日常教学中积极地对教学内容进行相关的课外延伸，使教学内容不仅仅局限于课堂教材中，让学生在学习教材知识的同时，还能使自身英语水平得到加强。例如，学生在学习"现代英语发展之路"时，教师不应该仅局限于课本内容，教师在介绍现代英语发展之路的同时，还可以融入各个国家的文化传统，这不仅有助于学生学习到新的词汇，还能提高学生对英语的兴趣爱好。第二，大学英语教师可以向同学介绍一些相关英语书籍或电影等。大学英语教师不仅要在课堂上延伸教学内容，还要针对学生日常生活进行英语课外延伸，让英语融入学生的生活，让学生更好地感受生活处处有英语，英语处处体现在实际生活中。例如，大学英语教师可以介绍意义深刻的英语电影《阿甘正传》《当幸福来敲门》等优秀英语电影，让学生的生活环境在充满英语语境的同时，还有助于加强对学生思想观念的洗礼，对学生学习西方优秀的传统文化有积极作用。第三，大学英语教师利用大学生业余时间，建立一个英语学习讨论组，大学英语教师应该运用现代科学技术，使英语课堂教学积极地与现代科学技术联系在一起，使大学英语教学与时俱进，讨论组可以让学生在畅所欲言的同时，便于大学英语教师实施英语课外延伸，给大学英语课外延伸创造有利条件。在讨论组中，大学英语教师应该对大学生进行英语管理，在讨论组中开展有意义的英语活动，在提高学生参与热情的同时，提高学生的英语学习兴趣，使学生的英语水平得到显著提高，对学生日后的发展也能起到推动作用。

---

① 王健芳.外语教学改革与实践[M].南京：南京大学出版社，2016.

本节分析总结并综合了大学英语教材的评价结果，同时对我国大学英语教学的内容和模式进行了论证。在大学英语有限的知识容量内，教材无法涵盖和呈现所有的词汇，以及当今各高校的教学模式与教学目标的达成相距甚远，以至于学生的英语水平没有得到较大的提高，而大学英语教学课外的延伸是解决大学英语教学模式的一剂良方，高校须建立大学英语词语库并开发相关软件供学生使用，使英语教学拓展到课外，使学生按自己的实际需求选择学习内容和学习方法，从而提高学生的自主性，提高学生自身的英语水平。这对学生来说是英语水平的提高，对高校来说是品牌效应的提升。

第九节　大学英语教学中的翻转课堂

翻转课堂是近年来运用较广泛的教学模式，将翻转课堂引入大学英语的教学之中，能够激发学生自信、培养学生自主学习能力、增强学生的英语综合能力。本节依据翻转课堂理论，结合大学英语的教学需求，提出了翻转课堂运用于大学英语教学中的策略建议，以期对翻转课堂的教学实践提供理论借鉴。

一、翻转课堂的基本概念

翻转课堂的基本内容是，为学生提供教学视频、学习课件、课程相关资料等资源，让学生在课前先行预习，这样原本在课堂上进行的课程讲解部分被挪至课前，而课堂上的时间则由老师与学生开展互动，学生提出自己的看法、问题，学生之间进行讨论，老师对学生进行辅导，为学生答疑解惑。这样一种先学后教的模式，正好颠倒了过去课堂的教学安排，由此形成了翻转课堂的教学模式。

二、大学英语教学运用翻转课堂的必要性

（一）翻转师生角色定位，激发学生学习自信

在传统教学模式中，教师需要在有限的时间、固定的场所进行知识传递，这是一种以教师为中心的教学模式，教师掌控教学的主控权，具有权威性。学生在这个过程中，扮演着跟随教师讲课节奏、服从教师教学安排的角色，处于被动学习的地位。而翻转课堂正好翻转了师生的角色定位，教师赋予了学生自主学习的权利，学生可以自行选择时间和场所进行学习，最大限度地满足了个性化需求。教师在课堂上的角色也从知识传递变成了引导学习、答疑解惑，鼓励学生在课堂上发表自己的见解，提出自己的问题，这大大增强了学生的学习自信，教师在课堂上的辅助性教学也可以成为学生自主学习的补充。

（二）满足学习需求个性化，增强学生自主学习能力

传统的大学英语教学模式是"课堂教学＋课后作业"，在课堂上，学生是被动地接受教师所灌输的知识，知识的内化过程留于课后的作业阶段来完成。这样的教学方式对学生而言是平均受力的，英语水平较高的学生可能感觉太过简单，而英语水平较低的学生可能感觉跟不上，也就是统一的教学方式无法满足能力层次不同的学生的需求。但翻转课堂能够解决这一难题，教师在布置学生课前学习任务时，可以进行任务分层，在提供基础教学课程之上，再设计一些更具挑战性的资料供有需求的学生学习。在课堂分组讨论上，也可以就学习水平来分组，或者将学习过附加材料的学生编为一组，这样同一水平或者学习过同一资料内容的学生在讨论时能够更加对等、融洽，教师在辅导各组时也能更具有针对性。这样的模式能够让学生自主安排学习内容、掌控自己的学习进度，最大限度地提高学生的自主学习能力[①]。

（三）增强学生综合能力，提前适应现代社会

在大学英语教学中，学生的综合能力尤其是听说能力一直难以得到提高，传统的听力课程大多是在机房进行听力题目的训练，而口语课很多大学并没有安排，即使安排也顶多一周一节，能让学生进行口语锻炼的时间很短。在翻转课堂的教学模式下，教师可为学生提供听说材料，包括英语影视剧、外教视频、英语听力材料等，帮助学生建立更好的语言环境。在课堂上，教师也能够通过视频场景，让学生完成分组的听说任务，创造出一种"众人说众人听"的教学氛围。学生通过在课前的自主听说，在课堂上的互动交流，加之教师的辅导和纠正，能够提高他们的英语交际水平，锻炼他们用英语表达和解决实际问题的能力，为适应现代社会的英语社交做好准备。

三、大学英语教学运用翻转课堂的策略建议

（一）课前学习资源的设计与学生自主学习

1.依据教学目标和学生特点设计课前学习资源。在翻转课堂教学的过程中，课前需要学生完成一定的学习任务，教师应该根据大学英语的教学目标以及学生的特点和需求进行课前学习资源的设计。教师对学习资源的设计，要遵循大学生英语课程每学期的总目标，在教学大纲的基础上，确定每一节课或者单元的教学内容、知识点，根据学生英语运用能力和英语文化素养的考察范围等，编制一个基础的教学方案，依据这个教学方案来设计每一堂课的课前学习资源。同时，教师还要充分考虑学生的个性化学习需求，评价不同学生的自主学习能力，依据考试测评的要求，设计出能够保证学生达到考评基本要求的基础性

---

① 孙立伟.对数字化教学资源建设的思考[J].新西部，2007（12）.

学习资源，再附加上具有一定难度和挑战性的学习资源，尽量让每个学生都能获得与自己能力相匹配的学习资源。

学习资源主要有与课程相关的教学视频、课件、文本材料、听说材料等，其中视频应是最主要的形式，视频能够从视觉、听觉上全方位刺激学生的感官，帮助学生更好地吸收领悟学习的知识点。供学生课前学习的视频，可以选择名师、大师的讲课视频，也可以选择一些网校、在线课堂的视频，当然也可以由本校老师组成一个教研团队，依据本校的教学需求和学生特点，自制教学视频。视频的时长宜控制在 20~30 分钟，保证学生在观看视频时能够集中注意力，每个视频都应囊括大学英语教材的基本知识点，完成原本由教师在课堂上所进行的知识传递过程。

2. 以任务教学法为宗旨让学生自主完成课前预习。课前预习是翻转课堂教学模式中的首要环节，要保证学生认真完成课前预习，就要在预习环节给学生布置一定的任务，让学生以完成任务为目标进行学习。教师应遵循"任务教学法"，把教学大纲上结构化的知识点化解为具体的、可解的问题和练习，这样就给学生的预习活动增加了任务。学生在解答问题、完成任务的过程中，也就抓住了学习的主要知识点，对知识点的掌握也更加扎实。同时任务型学习模式也是对学生的约束，教师可以将课前任务的完成情况计入评价体系，监督学生确保完成课前预习。

在任务型的学习模式下，每一堂课或者每一个单元，都以让学生完成任务为教学目标，每个任务都是围绕着教学大纲的基本要点，比如学生应该掌握的词汇、语法、基本会话等内容而展开。因此课前预习的任务设计要形成模块化，把每一节课或者同一单元的课程组成一个主题模块，再分割成若干个小的模块，设定同等级或者递进等级的任务，这样能够让学生循序渐进地完成学习任务。主题模块的任务分配模式还有一个好处，就是可以借助主题找到更多相关的资源，让学生利用课余及碎片时间来学习，并能依据主题进行课堂活动的设计，形成课堂的主题讨论、主题活动。

（二）课堂精讲、活动与师生互动

1. 教师应该用 10~15 分钟时间帮助学生回顾课前预习的内容，对课程的学习要点进行提炼，重复和强调学习的重点、难点。同时，教师还要依据学生的课前学习任务完成情况，找出大家普遍会犯的错误，疑虑较多的地方，或者具有代表性的一些问题进行集中的精讲。这个过程尽管还是以教师的知识传递为主，但在翻转课堂上尤为重要，教师通过精练的、总结式的对课前学习内容进行概要讲说，一方面帮助学生进行一轮复习，让学生的知识点进一步得到巩固；另一方面也让学生学习如何进行知识点提炼，如何让所学知识在脑中形成一个具有结构性、层次性的体系，帮助学生对知识点的内化和吸收。

2. 在精讲完学习内容之后，教师可以布置一些课堂活动，让学生进行分组互动。这个环节教师应赋予学生一定的自主选择权，让学生依据感兴趣的主题进行分组，同时考虑学生的英语不同水平，尽量设计不同学习难度的活动，让希望挑战自己的学生自行形成一组去完成难度较大的活动。每个小组，都应分配一个子任务，以培养学生独立思考、相互协作、解决实际问题的能力为目标，让小组成员共同完成这个子任务。一般而言，每个小组都应设定一个组长作为负责人，由他进行组员活动的统筹安排。小组活动应当依据课程主题的不同来进行设计，譬如这堂课的重点在于培养学生的英语会话，那么小组活动就可以围绕几个会话场景，组员之间进行英语会话演练。如果课程重点是英语思维的训练，那么小组活动可以让组与组之间开展英语辩论。如果是对词汇、语法这些基础性内容的考察，那么小组活动可以切换成相互探讨、相互测试、相互评价的模式。在完成小组活动之后，应该形成活动的成果展示或者活动评价，这个环节可以由小组负责人来阐述，也可以依据成员间的互测、互评结果来公示，或者通过组与组之间的竞赛来形成结果。总之，这个结果展示或评价应该由学生来完成，目的是让学生学会自我总结，从而巩固所学知识。

3. 在课堂互动环节中，教师应进行穿插的辅导和答疑，对学生活动进行及时评价，对课堂氛围进行调度，要掌控课堂活动进度，对偏离教学目标的活动及时调整纠正。教师与学生的互动可以是一对一，也可以是针对一个或几个小组，如果带有普遍性的问题，可以在全班进行统一讲解。互动的形式可以是解答疑难问题，对作业或任务的辅导；也可以是对学生活动的一些纠正，比如不标准的语音语调、错误的句式用法、时态运用不当等；还可以是对学生的一些提高，比如引导学生用更加地道的用语、用英语思维来表达等等。教师与学生的互动，能够针对学生的学习兴趣、学习困难、掌握情况来进行指导，更具有针对性，也能让学生的个性化学习需求获得满足。

（三）课后评价

在翻转课堂中贯穿着大量学生的自主学习，因此评价体系应该更具有监督与约束的功能。与往常的作业、考试评价不同，翻转课堂的评价应该渗透到课前、课中、课后多个环节之中，既要包含形成性评价也要有结果性评价。评价的主体除了教师之外，还要有学生自评以及同学互评。评价的内容应该包括自主学习能力、小组协作能力、英语听说能力、思辨表达能力、书面写作能力等多项能力，以及课前预习、课堂活动、课后作业的完成质量，从学生对待学习的策略、态度、效果等诸多方面进行考量。翻转课堂的评价应该是多维度的、多形式的，目的是帮助学生了解自己的英语学习情况，鼓励学生自主评价、自我总结，实现翻转课堂中教与学的共同进步。

第十节　反思大学英语教学价值取向

当下大学英语教学成绩在令人欣慰的同时也有一些令人纠结的问题。其中"费时较多，收效较低"成为当前很长一段时间我国大学英语教学的代名词。据不完全统计，大学里绝大部分非英语专业三分之二以上的学生投入整个大学期间三分之二还多的时间学习英语，大学英语教师在各专业教学人员中数量最庞大，教学也执着认真，大学领导都极为重视大学英语教学，但大学英语教学的现实情形是：学生抱怨没学好，老师费力不讨好，领导压力也不少。因为一旦面对活生生的英语世界，真正进行思想沟通，表达意愿的英语语言能力往往力不从心，经常发生令人啼笑皆非的误会，令人唏嘘不已。这些问题，足以引起大学英语教学理论和实践重大而实际的思考。有专家从理论的高度研究认为这是母语与英语之间的正负迁移现象所致。"语言差异、文化差异越大，正迁移越小。……对歧义部分的理解主要依靠阅读者的背景知识和个人经验。一些研究和实验结果显示，由于文化背景的不同，阅读理解上的错误往往呈现出系统性。即不同的文化背景，不同的期待心理和价值尺度、不同的语言思维模式、不同的语言修辞习惯，都会导致语言信息理解上的差异。"

一、反思与教学的关系

"反思"（reflection）是人类认识史上具有界碑性质的哲学范畴，是人的思维的反观自照，是一种对事物开展思维的思维。其意义在于对过去发生了的事情进行一种深刻的有意义的思考，以便从中吸取经验与教训，特指人们内省般的一种思考。英国哲学家 J. 洛克认为反思是"离开感觉形成内部经验的心灵活动"。黑格尔把反思说成是"后思、反省、返回"之义。孔子的"吾日三省吾身"中的"省"更多的是指道德层面上的反思。"教然后而知困，学然后知不足"，则是教学反思的最好诠释。

具体来说，教学上的反思是教师以自己的教学活动为思考对象，对自己的教学行为、决策以及由此产生的结果进行审视和分析，并据此采取相应对策的过程，它是一种通过提高参与者的自我监控能力来促进专业能力提升的途径。即教学要从不同的角度对教学各层面做积极性思考：深思过往的此教学对彼教学的影响，它可以是教学任务等方面的基本反思，可以是超越本课堂教学的发展性反思，也可以是对教学意义及本质的深层次反思，还可以是横向的、纵向的、个体的、集体的、学生的、教师的、教材的、效果的等方面的反思。最先引进反思于教学过程的美国哲学家、教育家杜威的解释是："对任何信念或假定的知识形式，根据支持它的基础和它趋于达到的进一步结论而进行积极的、坚持不懈的考虑。"中国著名教育家叶澜先生也论断说："一个教师写一辈子教案不一定成为名师，如果一个教师写三年反思可能成为名师。"换句话说教学反思能成为教师优秀与否的一种衡量标准。反思的能量也的确巨大惊人，战争的反思促成了和平的到来，贫穷的反思带来了改革开放，苹果落地的反思发现了万有引力，教学的反思产生了众多教学理论流派、教学方式方法、教学价值取向等等。

反思正式运用于教学理论与实践的贡献归功于《反思实践者：专业人员在行动中如何思考》一书重大而持久的影响。"在书中，斯冈认为反思性教学是教师从自己的教学经验中学习的过程，反思性教学的问世是对将教学改革简单地贴上成功或失败标签的超越。"

我国学者熊川武教授认为："反思性教学是教学主体借助行动研究，不断探究与解决自身和教学目的，以及教学工具等方面的问题，将'学会教学'与'学会学习'结合起来，努力提升教学实践合理性，使自己成为学者型教师的过程。"美国教育心理学家波斯纳把教师的成长过程与教学反思结合起来，极力证明教师的成长公式为"经验＋反思＝成长"，并严肃指出"20年的教学经验，也许只是一年工作的20次重复；除非……善于从经验反思中吸取教益，否则就不可能有什么改进"。其实，中国俗语"当局者迷，旁观者清"可以为反思做最好的注脚，西方"我思故我在"的哲学之问也能最好地诠释反思与教学的紧密关系，假以反思的方式，完全可以演绎而达致"我思故我行""我思故我能""我思故我新"的崇高教学境界。

不能忽视的是教学反思含教与学两面。"教"的反思专指教师对自身教学活动的全程反思，大至宏观的教学价值取向，中到中观的教学方法手段，小到微观的教学语言细节，都需认真分析出现的情况，仔细斟酌解决的办法，紧紧围绕改进教学方式、提升教学质量的中心主题开展反思。"学"的反思专指学生对自己在学习过程中的反思。一方面教师可以协助学生尽可能及时反思他们的学习状况，探索可以改进提高的学习方法，制订确实有效的保障措施。另一方面学生本人因更有自己学习的体验，更要客观地、不遗余力地善于剖析反思自身可能存在的症结，以便顺利找到行之有效的解决之法。特别需要提出的是，教学是教与学的双边活动，所以全力深化师生双方互动的教学反思定能促使教师重新审视、深思、构建完善的教育教学理念，改进教学过程，定能帮助学生重新梳理、树立、形成良好的学习行为习惯，改善学习效益。一句话，有效的反思可以让教与学尽力避开弯道，全速直奔教学效益大道。

二、反思与大学英语教学价值取向的关系

教学的价值取向（teaching value orientation）是指教师高举什么样的教学旗帜，采取什么样的教学理念，运用什么样的教学意识并把他们一一贯穿于整个教学过程。教学历史与实践已经反复证明，什么样的教学价值取向必然导致什么样的教学结局。正如围棋在布局之后，能基本预示本局棋赛的最终结果一样，虽有变化，但一旦方向明确，基础确定，棋力如此，无力回天。所以教学价值取向之反思就是借用反思的手段，突破忽视教学价值取向的瓶颈以及消除不能有效提高教学质量的教学价值取向，找寻科学、合理、明晰、实用又能与提升教学质量相匹配的教学价值取向，即在教学实践中应当是如何的教学价值取向才能更有效地解释教学过程中的一些现象和解决教学中存在的问题，从而整体提高教学效益，实现教育目标。

对于大学英语教学而言，大学英语教学价值取向反思也就是大学英语教师提高自身专业素质与教学能力进而提高教学效果的手段与方法的反思。其反思目的实质就是如何提升大学英语教学效果和教学质量，使大学英语教学符合英语习得规律，让大学英语教学适应

社会和经济的发展需要。所以大学英语教学的价值取向并非海市蜃楼而是实实在在的存在，并深刻地影响着教师的教育理念与教学行为。大学英语教师不能终日只忙于应付日常英语教学事务，成为"只顾埋头拉车，不知抬头看路"的一般车夫，那样势必会失去教学的"前进"方向，势必导致无暇学习英语教学法理论，忽视国内外英语教学动态，放弃反思自己和他人的英语教学经验与教训，轻视自己和他人大学英语教学价值取向，逐渐抛弃英语语言习得规律，固执自己的教学思维与模式，反对自己不习惯的教学改革，一味地满足于完成一般的课堂教学任务，陶醉于学生英语考试成绩的提高，沉迷于学生表面化的英语知识水平，忘却学生英语语言能力的真正意义。这一切自然延伸恶果必将严重造成大学英语教师的教学方向与教学价值取向的迷失，这样的大学英语教师充其量只能成为英语"知识的机械传送者"、照本宣科的"教书匠"，或者哗众取宠的"优秀教师"，而不能成为锐意进取、教有所获的学者型、专业型、能力型教师，无法从根本上完成好大学英语的教学任务，实现大学英语的最终教学目标。

从这个意义上来说，大学英语教学价值取向的反思就是让英语教师紧贴自己当前教学工作"宏观""中观""微观"的各式各样教研活动，集中反思如何让大学英语教学价值取向符合客观教学实际，让教学效益落到实处，即在教学实践中发现问题，通过思考、计划、实践和评价，寻求解决问题的办法，继而找到并实现正确的大学英语教学的价值取向，亦即通过这样的大学英语教学价值取向，使学生的英语综合能力，即学生获取英语新知识的能力、分析和解决英语问题的能力以及使用英语交流与合作的能力得到提升，最终使学生实际英语应用能力的全面性、整体性、综合性得到提高，而非仅仅是英语知识记忆的炫耀者、搬迁者、累积者。

当前，可喜的是众多学者对我国大学英语教学的价值取向之反思已取得一定的研究成果，比如应试性取向、工具性取向、人文性取向、知识性取向、素质性取向等，且在教学实践中有了突破性进展，有些获得了一定的成效，具有教学改革与创新的实践性与指导性意义。虽然这些研究成果从不同角度、不同层次、不同性质对我国大学英语教学的价值取向进行了积极反思，提出了一些真知灼见。但是教师和学生对语言内在的、自主自觉的教学意识以及对学生把握英语语言的真实意义还不甚明了，关注度与理解度尚还不够，特别是对语言（尤其是英语）的教与学缺乏理论和实践在教学价值取向上进行双重反思。大学英语教学满足于将学生训练成为现代科技社会发展所需要的工具型英语人才，很大程度上忽视了语言学习具有人文性特征的一面，进而使得大学英语教学演变成了应试教育的急先锋，蜕变成了难以实际运用英语"费时低效"的代名词。分析其成因就是罔顾大学英语教学价值取向的研究和应用，偏离英语语言习得规律，在不恰当的大学英语教学价值取向上渐行渐远。

其实大学英语教学价值取向的终极目标应该而且只能是学生整体英语运用能力的全面提升和学生生命的健康成长、精神的完全豁达。从这里可以看出，大学英语教学价值取向的反思不仅是一种教育教学理论上的研究性手段，而且是取得大学英语教学实际成效的方法论手段。所以，反思大学英语教学的价值取向不仅是必要的而且是急迫的，应该成为必须立即抓紧抓好的一件教育教学上的大事。

三、反思与大学英语教学"内容依托教学"的关系

内容依托教学（Content-Based Instruction）可以概括为"内容为基础的教学"，或"内容教学与语言教学目标的结合"，Richards & Rodgers 将其定义为"CBI，二语习得的方法，它是一种语言与内容有机融合的外语教学模式。它不是围绕语言大纲或其他形式的大纲而组织的教学，而是围绕学生即将学习的内容或信息组织的教学"。"它把教学重点从语言学习本身转移到通过学习学科知识来学习语言。"因此，这样的教学是把教学目标设定为：内容与语言的双结合，达到一箭双雕的教学效果。

"内容依托"教学并非自主创新、标新立异的教学新理念，早至公元389年，奥古斯丁（St.Augustine）就明确提出了语言教学必须以有意义的内容为中心的观点。之后几经变迁，不断演绎，不断引起教师及教育研究者的重视和支持。我国也可追溯到19世纪60年代洋务运动时期，京师大学堂大量采用原版的国外经济、科技、文化教材，聘请大量的外籍教师，培养了不少至今还言犹在耳的外语优秀人才。

之所以坚持"内容依托教学"的反思，尤其坚持把其运用到当今大学英语教学上来，不仅历史证明了其生命力，更重要的是其根源在于"内容依托教学"的价值取向遵循了语言的习得规律，因为语言与内容相互依存、密不可分，世界上不存在无内容的语言，也不存在无语言的内容。"具体地说是语言和学科知识的同步学习，即内容材料支配下的一系列语言介绍与学习。语言课程围绕学生的学术需要和兴趣，跨越语言与学科内容课程之间的障碍。学习者能够最终使用目标语；它建立在学习者以往的学习经验之上；它通过语境，而不是通过零散的句子层面正确的词语使用来教授语言；通过使学习者接触有意义的语言而为学习者的第二语言学习提供必要的条件。"放弃这样的教学反思与教学运用，实际上就是违背语言与内容的辩证关系，让教学成了无源之水、无本之木，使得我们最近这些年来的大学英语教学问题频发，效益极低。

同时，"内容依托教学"大学英语教学价值取向必须符合五个基本原则："第一，语言学习应该与学习者对语言的实际使用相结合；第二，语言课堂中引入学科内容有助于激发学生学习语言的动力，从而提高学习效率；第三，有效的语言教学应该将学习者当前的语言能力与他们的学习经历、学科知识以及学习环境相结合；第四，语言教学应该针对语言在特定场合的使用，而不仅限于句子层面的用法；第五，在理解专业内容的过程中，学习者的语言与认知技能也得到提高。"

上述每一点都让大学英语教学的价值取向可以实际落实在语言内容、语言教学、语言学习、语言意义、语言能力等方面，不至于导致教学价值取向实际操作的虚化和语言教学过程的规律偏离。为此，以语言与内容整合的"内容依托教学"模式实则是五种必须体现

的总结性描述，即必须体现语言学习是以实际提升语言应用能力为尺度，必须体现在教学内容上既能激发学习动力又能增强学习成效，必须体现在教学方式上高效结合学习者的过往经历和现实水平，必须体现在语言教学效益上适用不同语言环境，必须体现在语言应用上语言知识和能力的双重提升。所以"内容依托教学"原理套用数学公式来阐述的话，可以是：有意义的教学内容＋语言教学＋包容的教学技能＝语言学习者的语言能力＋认知能力＋综合素质。

目前国外对"内容依托教学"的研究已经取得了不少成绩，且很多国家都在大力践行这一教学理念于它们的实际教学中，它们培养出众多实际能操用多国语言的人才的事实，足以提示我们对"内容依托教学"加大反思力度不仅是必要的而且是急迫的。事实上我国从清末到 20 世纪 50 年代之间也基本沿用此法培养出了众多杰出语言人才，如语言翻译大师：严复、鲁迅、林语堂、傅雷、钱钟书、王佐良、季羡林等等。但是我们还是发现国内对此行之有效且符合语言习得规律的教学价值取向研究似乎还稍显不足，表现为理论与实践两方面均缺乏有分量的研究成果，尤其是对"内容依托教学"理念缺乏正确的认识，对其研究价值和应用价值在外语教学中还没有得到足够的重视，令人忧思。值得提出的是"内容依托教学"因其重在教学内容本身的把握、理解、运用，对教师的语言与学科知识要求较高，挑战性强，所以中国学者束定芳认为"CBI 教学应该在大学里实施，绝不提倡在小学就开始"。但是"内容依托教学"针对大学英语教学的价值取向的启示是巨大的，体现在教学方式、教材建设、教学内容、教学模式、师资队伍、教学评价、课程设置等方面。我们有理由相信，未来的大学英语教学方向一定是实施"内容依托教学"价值取向并终能充分培养出可以满足社会发展需要的各级英语人才。

综上所述，"费时低效"大学英语教学局面的改变离不开对大学英语教学价值取向科学合理的全面反思，大学英语教学的纠错、发展、改善势必优先提倡、树立、实施以"内容依托教学"为指针的大学英语教学的价值取向。因为影响和制约大学英语教学效益，除了必备的教师素质、教学条件、教学要素等的满足之外，最便捷、最直接、最明显、最具效力、最有活力的因素当数教学价值取向的正确确立与恰当运用。通过科学反思大学英语教学及其价值取向，鲜明提倡中国大学英语教学实施"内容依托教学"价值取向，对高校广大的大学英语教师明晰、树立和实施富有活力的教学价值取向，进而提高大学英语教师的教学能力，提升大学英语教学效益，具有不可比拟的现实针对性、应用方向性和实际操作性，也必定会越来越显示出它的深远意义。

第二章　大学英语教学方法

第一节　大学英语教学方法创新

大学英语作为高等教育中的重要课程，是大学教育发展的重要组成部分，对学生英语学习能力的进一步深入和提高起着至关重要的作用。但是教学效果的好坏与教学方法的应用关系十分密切，并发挥着特殊的作用。在当前大学英语教学背景下，传统的教学方法已经无法适应当前时代的发展和社会需要，因此必须建立起一整套创新的教学模式。本节从当前大学英语教学方法的创新改革的必要性出发，对当前教学中存在的问题和不足进行分析，得出运用互动式教学方法、肢体语言教学方法、角色扮演教学方法等进行大学英语教学方法创新的对策建议。

在传统大学英语的教学方法中，其宝贵的经验和方法虽然能以一定的方式进行，也可以助推当下的教学课程改革，但如何将创新的传统教学方法融入日常的课程中去，是当前许多高校需要面临和解决的重要一环，也是能否进一步深入开展大学英语教学的重难点，打破长期以来英语学科高等教育的瓶颈和桎梏，需要我们处在一线的教师以一个全新、全面、辩证的视角去看待，从而促进高校以更加科学的态度发展大学英语，满足大学英语课程教学的需要。

一、创新当前大学英语课堂教学方法的必要性

（一）改革课堂教学方法对推动网络化教学的模式至关重要

对网络化教学模式的应用，目前在许多高校的教学中还都处于慢慢兴起的状态，还远远谈不上普及的程度，主要表现在两个方面：一是在国内的高校中，因为客观的原因，相当一部分高校在财政上捉襟见肘，所以没法实现网络化教学的全面覆盖；二是网络化教学的真正意义已经引起广大高校的重视，但是目前正处于不成熟的阶段，对于高校来说还没有一套固定的模式可以为自己所用。此外，传统的教学方法并非一无是处，将其与现阶段的先进学习方法相结合是十分必要和可取的。

（二）教学方法的选择是保障教学质量的关键因素

先进的教学模式和教学方法离不开教师的灵活运用，因为不管是方法、模式还是内容手段都是人为创造出来的，最终也是靠人为来进行操作和实践的。即使是多媒体教学方式，通过网络、课件的演示等呈现出来好的内容，但是终究只是一种教学的辅助工具，永远不能代替人为的因素。有这样一种说法是，"随着互联网技术的发展，教师将在不久的将来失去工作"，笔者认为这是十分荒谬的。鉴于此，我们不应该过分迷信、盲目依靠先进的教学方法，采用既有的教学方法或教学手段，结合网络教学的特点，重视发挥教师作为教学的引导者、组织者的重要作用。先进的教学设备不是决定教学质量的重要因素，如果不当使用，不仅不会起到辅助和促进作用，还有可能干扰到课堂教学，使学生抓不到课堂内容的重点，使先进的技术只流于形式。因此，通过探索和实践不断改革教学方法，充分发挥教师的主导作用，同时体现学生的主体地位，才是提高教学质量的关键。

（三）课堂上的互动和语言训练，才是大学英语课程的内在要求和本质

通过进行方法上的创新，在课堂上进行互动和语言训练，从课程性质的角度出发，是十分必要的。大学英语教学的目的是使学生掌握英语的基本交际能力，在听、说、读、写、译五个方面进行全方位的提高，具备了这些能力，尤其是听说能力的掌握，才能真正将英语应用到日常的生活和工作中。因此，这意味着教师必须在课堂上通过与学生之间的频繁互动，在课堂的教学过程中实现英语交际的教学，训练学生的语言技能，让学生在反复的实践和应用中相互作用，逐渐提高英语交际能力[①]。

二、传统教学模式下大学英语教学存在的问题和不足

（一）传统大学英语教学模式下，主客体本末倒置

传统的教学模式下，老师处于教学的中心位置，学生更多的是处于从属位置，这是极不符合教学规律的。大学英语作为一门应用性极强的课程，其教学的基本要求是学生通过听、说、读、写的训练，掌握加工语言信息的能力，并通过一定的形式进行表达，因此这样的特点就决定了学生必须在实践中全面提升自身的英语能力。但是，据笔者观察，传统的教学模式下，大多数教师占用了大部分的教学时间，使学生没有时间进行实践训练，学生被动接受，被灌输了太多的单词和固定句式而缺少实践训练，使得即使学习了英语，学生还是不能很好地运用它。

（二）传统大学英语教学模式下，多以固定句式和单词为主，效果较差

在大学英语课堂教学中，许多教师采用的教学模式还都是类似于语文的教学方法，重

① 李建萍 . 分级教学背景下大学生英语词汇学习策略的调查和分析 [J]. 黄山学院学报，2009（8）：99.

在对英语原文的语法解释和单词讲解，提出让学生重点掌握长难句，或是直接背诵一些句子。但是在实际的教学中，这对学生英语能力的提升几乎没有什么好处，学生将语法知识掌握得很好，但是在实际与外国人交流的过程中，大部分对话的语法可能是不严谨的，还可能存在错误，因此活学活用在英语的学习中是十分重要的。

（三）传统大学英语教学模式下，英语学习的四要素缺乏有效衔接

英语学习中有重要的四要素，分别是听、说、读、写。这四个部分在大学英语的学习中应该是相互联系、不可分割的部分。但是据笔者的观察，目前这四个部分大多还是相互分割的，还没有形成一个有机联系的整体，比如学生在上听力课时，就是在单纯地进行听力训练，缺少写和读的环节，这就很容易导致教学效果不佳，所以在上听力课时学生不应该纯粹地进行听力训练，可以加入读、写、说的环节。如果我们把这四个方面的教学内容结合起来，学生就能够很容易地把他们的听力和阅读信息与自己的学习结合起来，学习效果自然会很好。

三、创新我国大学英语教学方法的对策建议

（一）运用互动式的教学方法

互动式教学作为一种创新的教学方法，在当下的教学过程中得到了广泛的使用[①]。这一教学模式是指老师在授课的过程中，为学生创设一个互动的教学环境，学生在这种轻松愉快的互动交流中，能够自由地表达自己的观点和意见，从而激发学生的学习积极性，通过一定的试验发现这种教学方法对大学英语课堂教学效果的提升具有非常明显的效果。在英语课程的教学中，教师可以向学生提出一个或多个问题，根据学生能力的不同分组进行相应的指导，使学生成为解决教学问题的主体，引导其进行分组讨论。

（二）运用肢体语言的教学方法

将肢体语言的教学方法运用到大学英语的教学中，让教师运用肢体语言进行教学内容的表达，从而为学生创造轻松快乐的学习环境，使学生自由学习。大多数语言也是通过肢体的一些动作进行表达的，虽然没有具体的语言，仅仅是一些无声的表达，效果却是十分明显的。通过这种教学模式，使其本身生动、活泼的特点能够发挥得淋漓尽致。大学生大都已经成年，其模仿能力一般都较强，在教学中，教师可以根据教材内容，生动地表现出语言所要表达的形象，不仅能够激发学生的求知欲望，而且能够引导他们积极参与。这样一来学生在模仿中体会到了学习英语的乐趣，久而久之，就会变得更加愿意学习英语。

---

① 黄建滨，邵永真.大学英语教学改革的出路 [J].外语界，1998（4）:20-22.

（三）运用角色扮演的教学方法

角色扮演的教学方法目前已经在高校中得到了广泛的推崇。角色扮演的方法就是在教师的指导下，教师根据教材内容的特点，要求学生进行相应的发挥，进行对话与交流。在教学过程中，英语教师可以根据学生的英语学习能力进行实际教学，教师还可以把教学内容编译成故事，让学生根据自己的性格或喜好进行自由发挥，与其他表演者进行口语交流。这样一来不仅可以提高他们的语言表达能力，还能够锻炼他们。

第二节　隐喻识别与大学英语教学方法

隐喻自动识别关键的一步是要解开人类对隐喻理解的认知机制，建立语言的形式化模型，使之以计算机能够识别的形式表示出来。这一过程很大程度上需要依赖认知语言学理论的指导。目前关于隐喻计算研究的综述性文章主要针对隐喻模型设计、知识库和数据资源建设及隐喻处理的应用方面进行介绍，而本节将从认知语言学和计算机科学的交叉角度对隐喻识别所涉及的理论和方法进行探究，探讨多学科交叉视角下的大学英语教学方法。

一、隐喻识别的认知语言学视角

（一）基于文本线索的识别

隐喻表达的特征之一是具有一定的语言标记，可以把这些语言标记作为隐喻识别的线索。这种研究思路在隐喻识别中非常直观，能起到一种"路标"的作用，具有较高的价值。通过隐喻标记语的明确指示，做出不能对该话语做字面意义理解而应做隐喻意义理解的明确引导。由于隐喻标记语的介入，人类在对隐喻进行推理的时候，就能很容易地领会其中蕴藏的意图，从而做出正确的隐喻识别。因此，隐喻标记语的使用明示了话语的语义逻辑关系，对隐喻的人脑推理过程起到了明示的语用制约，从而帮助理解与识别。束定芳总结了隐喻表达的七种文本线索标记：

（1）领域信号或话题标志。如 intellectual stagnation（智力上的停滞）、psychic eddy current（心理旋涡）、时间隧道、历史悲剧。（2）元语言信号。直接用 metaphor，metaphorical，metaphorically 或"比如"等字眼。（3）强调词信号。如英语中的 In fact，literally，actually，really，汉语中的几乎、差不多、简直等。（4）模糊限制词。如英语中的 a little，practically，汉语中的"有点、某种意义上"等。（5）表示隐喻转换的上义词。如 sort of，type of，"某种"等。（6）明喻。明喻是隐喻的一个种类，其比喻词 like，as，"好像、仿佛"等明确表明这是隐喻式话语。（7）引号。

根据上述认知语言学理论，在隐喻计算机自动识别领域，有些研究工作是针对文本中的线索而进行的。

（二）隐喻的本质

概念隐喻观运用源域与目标域之间的映射以及意象图式来解释隐喻现象，认为隐喻的本质是以一种事物去理解另一种事物的手段，从一个比较熟悉，易于理解的源域映射到一个不太熟悉、较难理解的目标领域。人类对隐喻的识别是指在语境中发现隐喻表达，找出源域、目标域及映射域的关系。束定芳归纳了人类对隐喻识别的两种基本方法：（1）基于文本线索；（2）基于语义冲突。在认知语言学背景下，隐喻被普遍认为是一种思维方式和认知模式。概念隐喻理论认为隐喻是利用一种概念表达另一种概念，需要这两种概念之间相互关联。这种关联是客观事物在人的认知领域中的联想[①]。

（三）基于语义冲突的识别

人类对隐喻的理解首先建立在上下文语境的基础上，根据语言认知系统知识库及概念知识库，对语言形式和字面意思进行分析，确定源域与目标域的语义冲突，并运用概念联想提取机制判断出映射关系，最后做出概念隐喻的判断。多数隐喻的出现并没有什么明确的信号或标志，需要通过对语义冲突的理解来识别隐喻。语义冲突也称为语义偏离（deviation），指的是在语言意义组合中违反语义选择限制和常理的现象，是隐喻产生的基本条件。语义冲突可以产生在句子内部，也可以产生在句子与语境之间。Ortony 认为某一语言表达成为隐喻的第一要素是从语用角度或从语境角度看，它必须是异常的，即从其字面意义来理解有明显与语境不符合之处。人类需要根据话语的字面意义在逻辑上或与语境形成的语义和语用冲突及其性质，判断某一种用法是否属于隐喻。

二、交叉视角的文本表达

（一）基于文本线索的方法

因为更多的隐喻不具有明显的语言标记，所以这种基于文本线索的方法只能作为一种辅助来提高识别效果。隐喻在标记统计的基础上，把标记隐喻的语言信号分为若干类别，并考察其在文本中的出现频率与隐喻的使用关系。研究表明，虽然带有语言标记的隐喻句在隐喻句总数量中存在的比例并不大，但是存在隐喻标记语的书面语中隐喻的比例达到了大约1/2。除了隐喻标记语的词汇层面，Ferrari 还把句法分析作为文本线索进行隐喻识别的研究。例如，通常作为隐喻标记的单词 metaphor，在句子 "A metaphor is a figure of speech where comparison is implied" 中作为主语出现，此句不再是隐喻，metaphor 也失去

① 李芳.英语教学法 [M].北京：高等教育出版社，2001.

了标记的功能。这种方法概括起来就是利用规则约束与机器学习相结合，从语料库中统计隐喻的语言标记和句法信息出现的概率，以此作为文本线索进行隐喻计算机自动识别。

（二）基于语义知识的方法

对基于语义知识的方法进行早期的研究，建立语义冲突分类体系，并手工建立语义知识库，但对大规模的语料分析具有局限性，也耗时耗力。Mason 通过大规模语料库自动获取词汇的优选语义，从领域语料库获得词汇的语义特征，对比特征语义冲突完成概念映射的优选。但由于领域知识库规模不足，此方法只能处理与动词相关较简单的概念隐喻，对复杂映射具有很大的局限性。利用词典和语义搭配知识是基于语义知识方法的另一项应用。如 Krishnakumaran 利用英语词典 word-Net 得到语义知识，计算词语在语料库中语义搭配的概率。同样，杨芸利用《同义词词林》和《词语常规搭配库》来识别汉语语义搭配型隐喻。另外，机器学习方法是隐喻自动识别研究的一个新方向，在处理海量信息上有着明显的优势和广泛的应用。面对日益增多的数据与计算机技术的迅速发展，广泛地尝试探索基于机器学习的隐喻识别研究十分必要。基本上，此方法把隐喻识别的问题转化成了文本分类问题，最终达到了识别目的。

三、总结

（一）语言学家与计算机研究者携手共进

语言学与计算机科学对于隐喻识别，有着共同的研究处理对象及共同的奋斗目标——揭示人类语言中隐喻的秘密，开发人类语言智能的功能。利用计算机对隐喻进行识别，基于规则和统计相结合的办法是有效办法之一，只利用任何一种方法都有它的局限性。计算机固然可以迅速地从大规模的语料中获取隐喻知识，解决系统的一些具体问题，却不能解释确切的运行机制和其中的规则到底是如何建立的。所以需要语言学家对语言进行描述与规则制订，实现计算语言的形式化，这些都是跟语言学的基础理论分不开的。同样，语言学也需要进一步现代化。计算机隐喻识别所提出的一系列新的方向与需求，一方面启发语言学家从新的角度去思考和探索，这必将深化语言学的理论知识；另一方面，通过计算机改造语言学理论，可以促进语言描写的形式化、科学化和精密化。计算机科学的发展，不但为语言学提供了现代化的研究手段，而且扩展了语言学的研究视野。因此，语言学家与计算机研究者加强合作与支持，才能促进隐喻研究的重大突破。

（二）隐喻知识库与英语教学

隐喻知识所提供的实例分析和分类帮助学生形成系统的理解和有序的逻辑思维，分清隐喻表述的各部分关系，代替死记硬背的学习方式，遵循有效的认知规律，从语言学习的根源和理论上整体把握，从而提高对语言深层次的理解，提高学习的效果，增强英语语感。隐喻的各种计算模型往往需要一个或多个知识库的支撑，这是由隐喻的认知性所决定的。知识库中除了三个例句，还给出了与 force 类别相关的隐喻类别（Related metaphors：related to Causes are Force），指出了隐喻的源域（substance，contents，container，hitting）和目标域（force），另外还有简要分析以帮助理解（note）。例句中都包含概念隐喻的影子。借助概念隐喻可以认识到隐喻表达形式的根源，将原本分散的形式内涵按根源进行归类。隐喻知识库所提供的概念隐喻系统使语言学习者了解到隐喻生成机制的原理，利用映射原理对知识系统进行分类整理。

第三节　基于提升课堂学习效率的大学英语教学方法

一、传统大学英语教学方法的特点和不足

（一）传统英语教学方法在听、说、读、写方面没有好的衔接

听、说、读、写是大学英语教学的四个有机组成部分，当前的大学英语教学中，这四个方面很大程度上都是相互割裂的，以至于学生在听力课上只是纯听力训练，在阅读课上只是一味地读课文，而在口语和写作上经常无话可说，无内容可写。如果将这四个方面的教学内容很好地结合起来，学生便能够将其在听力和阅读上所获得的信息结合自己的观点加以整理，自然会有话可说，有内容可写了。

（二）传统大学英语教学方法以语法解释和翻译法为主，效果欠佳

大学英语是一门应用型课程，其最基本的要求是学生能够通过听力和阅读训练，学会高效率地吸收和处理信息，通过口语和写作表达信息，这决定了学生必须在实践中培养英语综合能力。然而，传统大学英语教学中，教师的满堂灌占据了课堂大部分时间，学生缺乏时间进行有效的训练，致使他们即使听懂了也不会实际应用。在大学英语课堂中，很多教师遵循的教学模式仍然是解释课文语法，帮助学生翻译长句、难句，或者让学生死记硬背课文内容。笔者在实践教学中发现，很多学生对语法掌握得非常清楚，但是在英语表达中仍然错误连篇。例如，两位老朋友十年后第一次见面，刚开始都没认出对方，等互报姓名后，其中一人感叹道："我都没有认出你！"在这种情景下，很多对时态非常精通的学生都会错误地表达为"I don't recognize you."。这是因为学生在语法解释和翻译法的教学中，只懂语法，而不知合理使用语法，只知按字面翻译而不知如何从意思上去理解。传统大学英语教学方法中，教师起着绝对的主导作用。

二、大学英语教学方法改革探索

（一）教学上应在听、说、读、写四个方面进行有机整合

心理学家认为，知识的获取需遵循相应的规律，母语习得者之所以学习效率高，是因为其能够将所获取的信息进行统筹管理，分别储存于短时记忆和长时记忆系统中，无论是短时记忆还是长时记忆，有逻辑联系的信息回应能延长记忆时效，而且便于提取。笔者曾根据以上两点进行相应的教学改革，但是发现仍然有很多问题阻碍教学的顺利开展。最大的困难是学生英语水平有限，无法做到以学生为主体，然而通过听、说、读、写四方面教学的整合，能够很好地解决这一问题。通过及时、不断的提取信息，记忆便能得到强化。因此，首先可以给学生布置预习任务，让学生通过网络教学系统学习相关的音频、视频和文章，在练习听力和阅读的同时对课文主题有一个很好的理解，且积累一些课上可能会用到的词汇、短语和观点。其次，由于学生课前的积累，在课堂上教师便能非常轻松地引导学生进行课文的学习和理解，并引导学生针对其内容发表自己的见解，课堂氛围和效果会得到很大的提升。最后，让学生在课后通过互联网查询支持自己观点的相关信息，最终在所学语法知识、词汇短语以及相关内容素材的帮助下写出与该主题相关的短小文章。通过听、说、读、写四方面的有机结合，可以很好地帮助学生建立自信，提高教学效率，增强学生的英语学习兴趣，激发其动机。

（二）摆脱教师的绝对主导模式，实现以学生为中心的主题教学模式

"以学生为中心的主题教学模式"可以从听、说、读、写等方面围绕一个具有逻辑关联的话题，学生以个体或团体形式进行训练，将其所学词汇、语法应用于学习训练之中，也可以通过这种教学模式，巩固加强学生对课文所蕴含知识的理解。认知主义心理学代表人物之一布鲁纳（J.S.Bruner）认为，学习是认知结构的组织和重新组织，学生知识的获得不是教师灌输给学生的，而是要学生自己主动去探索和发现。英语教学的过程理应是引导学生在课堂及课后进行有效的实践训练，提高信息吸收的效率，并将其所学语法知识通过反复练习训练成一种思维方式，从而提高英语表达的准确性和高效性[①]。传统教学主题内容过于空洞、乏味或绝对，致使学生无话可说，或者有话也懒得说、懒得写。很多教材的单元主题往往是校园生活、恋爱等已经被反复练习和论证的话题，学生已经对此产生了厌倦感。故而，对教学主题的选择，应该注重在知识上激发学生的求知欲，在内涵上值得学生深入思考，在争议上允许学生在适当范围内提出各种不同的观点。

---

① 汤闻励. 非英语专业大学生英语学习"动机缺失"研究分析 [J]. 外语研究，2012（1）：70-75.

（三）改变传统的语法解释和翻译法教学

其实，很多同学对语法知识已经很是明了，但是用起来便会出错。语法本就是种说话的规则，学完规则还不够，更重要的是学会如何应用规则，将规则训练成说话的思维方式。然而，传统大学英语教学只注重一遍遍教学生规则，而不引导他们去应用规则，这显然是不科学的，也是导致现在很多学生英语表达能力弱的重要原因之一。因此，我们应该在传统英语教学方法的基础上，增加新的训练模块教学，引导学生将所学知识应用到英语实践中去，提高其英语表达能力。中国传统英语教学，从初中开始便特别注重语法教学，但经过初中、高中和大学的学习，很多学生的语法应用能力仍然很差。在 2011 年英语专业八级考试的 21 万份试卷中，汉译英部分得 8 分以上的试卷只有 19 份，很多答卷语法错误连篇。例如，匆忙与休闲是截然不同的两种生活方式。有些人认为：Hurry and soft is two different life style 或者 Both busy and free are two different way of living 这两句是比较极端的翻译，还有很多答卷也是或多或少都有语法错误。

三、"后方法"教育理论的路线图

后方法时代外语教学思想认为没有一种现成的最佳方法可一劳永逸地用于教学，主张外语教学应摒弃传统教学方法思想的束缚，从更广阔的视角探求突破传统教学方法思想的教学新理念和新途径。它倡导最大限度地关注教师教学方法运用和支配自主性及创造性，主张由一线教师据自身学习经历、教学理解及教学理念、风格和经验，进行自我观察、分析、评价，塑造并改进课堂学习，构建"由下至上"（down-top）适应具体教学情景、立足课堂教学的教学理论体系。"后方法"理论的提出者——美国学者库玛（Kumaravadivelu）据此初步构建起一个由特殊性（particularity）、实用性（practicality）、可能性（possibility）三个基本参数组成的第二语言教学和教师教育的三维系统，并勾勒了一幅"后方法"教育的路线图。

（一）实用性参数

实用性参数涉及范围更广，它直接影响课堂教学中理论和实践关系的处理。在实践中，鼓励教师将个人实践理论化，再将个人理论用于实践，有助于教师理解和明确问题所在，分析和评价信息，对各方面进行考量和评估，从而选择最佳方案，并做进一步的批判性评估。由此，实践理论便涵盖连续性反思和行动，教师领悟性和直觉力构成了实践性的另一方面。教师在实践中积累着某种无法用言语表达的感受与知识，在此过程中使有关最佳教学"意义建构"随着时间不断成熟，这种建构看似是本能、独有的，但它是由主导微观课堂环境的教育因素和源自课堂之外的社会政治因素形成和建构的。因而，"意义建构"要求教师不仅将教育视为课堂中最大化学习机会的一种机制，同时也是一种在课堂内外理解和改变"可能性"的方法。从这种意义上来讲，实用性参数便转化为可能性参数。

（二）特殊性参数

特殊性参数要求任何相关语言教育须注意存在于特定社会文化环境中的教育机构的特殊性，以及机构中教师和学生的特殊性，还要注意学习目标的特殊性。这种特殊性与包含一整套基础理论原则和普通课堂实践的既有的教学方法理论不同。从教育视角分析，特殊性既是目标也是过程，即在教育中我们要同时注意追求目标特殊性和教育过程特殊性。它是教学手段和目标的一种过程性发展。特殊性也是一种能力，可以用以衡量对开展外语教学当地的教育机制和社会环境特殊性的敏感程度。特殊性始于个人或集体教师，通过观察他们的教学行为，评价教学成果，辨识教学问题，找出解决办法，从而进一步尝试分析可行与不可行的方法。由此，观察、反思和行动构成的连续循环为环境敏感性教育理论和实践发展提供了前提。特殊性深刻蕴含在教学实践中，没有教学实践也就无法实现或理解特殊性，因此特殊性与实用性参数亦相互交织。

探索更加适合非英语专业学生的英语教学方法，通过教学改革在短期内提高学生的听、说、读、写等基本能力，在长期内提高学生的英语综合素养。

第四节　大学英语教学方法中的情境英语教学法

我国的大学教学工作在有效开展的过程中，一直都在追求创新。因此我国的大学英语在教学的过程中也在进行不断的摸索和创新，使大学生产生仿佛置身于英语世界的感觉，在轻松、愉快的环境中积极地学习。根据实际的教学经验来分析，在大学英语教学的过程中，情境英语教学法是一种非常适用的教学方法。本节将主要针对大学英语教学方法中的情境英语教学法的相关内容进行阐述。

在大学英语教学的过程中，情境英语教学法主要就是根据学生在英语学习过程中的心理特征以及年龄特点，进行针对性的教学，我们在英语教学的过程中针对性地指出反映论的具体认知规律，同时在英语教学的过程中结合相应的教学内容，有效地应用形象内容来对英语教学情境进行创设。这样能够让较为抽象的英语教学语言成为生动的可视英语语言。通过情境英语教学方法来让学生在学习英语课程的过程中更加深刻地了解英语思维、英语口语以及英语感知。根据实际的情境英语教学方法来分析，情境英语教学方法的主要特点如下：能够有效地融合语言、行动以及创设的情境，让英语教学更加直观、更加趣味以及更加科学。目前情境英语教学在我国的大学英语教学中已经在逐渐应用以及推广的过程中，根据目前的情况来看，效果非常明显。因此情境英语教学方法也为我国的大学英语教学带来了非常积极的效果。

一、在大学英语教学中情境英语教学方法的主要理论来源以及相关依据

（一）情境英语教学方法理论的具体来源

在教育领域中，情境教学这一理论在 20 世纪 70 年代就已经提出并且应用，目前情境教学模式已经成为语言课程教学工作过程中的一项重要教学理论。我国情境教学的主要来源在于结构主义教学语言理论。这一理论认为如果我们认为口语为语言教学的基础，其教学结构的核心必然是语言的表达能力。我们在语言教学的过程中，就是在为学生创造有效的学习语言的条件，让语言学习的方法同以后的交际实践有效结合起来[①]。在语言教学的过程中，我国的大学语言教学中的英语教学占有非常大的比重，英语教学在实际的教学工作中就是让学生学习语言交流能力的过程，大学生在学习英语的过程中，能够根据学习的过程以及学习的积累对英语的语言知识以及语言技能、英语的特点进行详细的了解和掌握。

（二）情境英语教学方法理论的相关依据

在大学情境英语教学的过程中，教学依据主要有三个。首先是我们在情境英语教学的过程中，要根据大学生的年龄以及心理特点进行针对性的情境英语教学。目前的大学生在年龄分布上以"90 后"居多，但是其中不乏"00 后"，这一年龄段的大学生在对知识的渴望上非常积极，具有很强的知识求知欲望。情境英语教学方法正是有效地利用了这一特点来对大学生的创造能力以及形象能力进行充分的挖掘并且调动。其次是我们在情境英语教学的过程中要掌握英语语言的习得规律。大学英语的教学工作并不是从语法以及单词上进行知识的掌握，英语教学的重点应该是让学生在英语语境中习得，让学生在英语应用中习得。最后是我们在情境英语教学的过程中要有效依据大学生的实际学习规律进行教学。我们在进行情境英语教学的过程中能够通过情境再现，有意识地对大学生的英语学习积极性进行调动，能够有效挖掘大学生学习英语过程中的心理活动，这样才能够有针对性地让大学生在一种较为轻松、愉快的环境下学习，能够充分地发挥出大学生的学习积极性以及学习创造能力，让大学生在情境英语教学的过程中全身心地投入英语教学活动中来。

二、大学英语教学中情境英语教学方法实施过程中的主要作用

（一）情境英语教学方法能够有效地适应并且迎合当代大学生的认知学习规律，能够有效地提升大学生的课堂教学效率

在教学工作中，要充分认识到兴趣是最好的老师这一教育理念。目前我国的大学生以"90 后""00 后"为主，这一年龄段的学生在知识面上、在信息的获取上、在性情的开

---

① 李艳，韩文静 . 孔子因材施教的教育思想简述 [J]. 吉林教育学院学报，2008（4）：39.

发上都有非常大的优势。根据大学教学工作的总结来分析，目前大学生的主要特点是有主见，在知识接受上很难实现强制性的教学，同时对灌输式的教学模式也非常排斥，更加重视自身对新鲜事物的感受，能够很快接受新鲜的事物和知识，但是其承受能力较差，面对挫折时容易产生悲观情绪。我们在英语教学的过程中要充分了解和掌握目前大学生的特点，在英语教学中应用情境英语教学方法能够有效地引导大学生的积极性和主动性，能够让英语教学在一种轻松的环境下进行，这样的英语教学方法就根本上改变了传统的英语教学方法，在很大程度上提升了英语教学工作的教学质量和教学效率。情境英语教学法在实施的过程中，我们可以通过模型、图片、实物等方式，充分利用表情、手势以及相关的动作来进行英语的情境教学。在情境英语教学过程中，我们常用的辅助教学工具为计算机，通过这一教学辅助工具能够有效地实现英语教学内容扩大化，信息多样化、趣味化。目前在大学英语教学过程中网络以及多媒体的应用更是丰富了情境英语的教学内容，让英语情境更加生动形象地展现在学生面前，更加具体地展现英语教学情境，有效地提升英语课堂教学效率。

（二）情境英语教学方法能够让大学生在英语学习的过程中养成勤于动脑、敢于开口、乐于动手的英语学习习惯

根据相关的数据统计，我国的大学生有很大一部分在大学时期就已经通过英语四级考试以及英语六级考试，这能够从一个方面显示出目前大学生还是有一定的英语水平的，但实际上在现实的生活以及日后的工作中，很多大学生都有不敢开口、不会书写的问题。这一问题的出现不仅仅是学生自身的问题，同时也是我国大学英语教学工作的问题，也是我国大学英语教学应该重点改善和处理的问题。目前我国的英语教学在进行的过程中没有给大学生有效地搭建起口语交流以及书写交流的教育交流平台，没有在英语教学之外创设实际演练场景，是造成这一问题的主要原因。但是随着情境英语教学的逐步开展和实施，这一问题得到了很好的改观和处理，就目前的情况来看，教学效果还算喜人。

（三）情境英语教学方法能够有效地丰富大学生的课外生活以及互动，能够让英文教学以及学习有效地延伸

语言是交际的工具，它具有实际性和交际性。实际生活水平是语言学习的试金石。英语的情境教学必须由课内延伸到课外，把学习迁移拓展到我们的生活中。大学教师要设法增加大学生的语言实践机会，帮助大学生在实际生活中创造英语环境，鼓励大学生大胆开口，敢于大声和老师用英语打招呼、交谈。鼓励他们尽量用所学的常用表达方式和同学相互问候、对话。除了上述三点之外，情境英语教学方法能够在很大程度上推动大学英语教学的教育改革，能够完善英语教学的教育模式。

在英语教学中运用情境教学，既能活跃课堂气氛，激发大学生的学习兴趣，锻炼大学生的语言能力，又能培养大学生的思维能力和空间想象能力，还能使大学生产生仿佛置身

于英语世界的感觉，在轻松、愉快的环境中积极地学习，从而为大学生在以后的工作中应用英语奠定良好的基础。

第五节　构式语法与大学英语教学方法创新

认知语言学产生于 20 世纪 80 年代后期，是在反对主流语言学转换生成语法的基础上，融合了语言学、心理学、人工智能等多个领域的知识而逐渐形成的一门语言学分支学科。随着认知语言学的发展、相关研究的增多，开始出现一种新的语法理论，即构式语法。虽然构式语法没有脱离认知语言学的范畴，依旧是批判形式语法，但其强调语用和功能，基本上可以看作一种新的研究学派。构式语法最早在外国提出，国内起步较晚，且最开始用于研究汉语特殊句式。随着世界一体化格局的形成，英语越来越重要，相关教育研究备受重视，各种创新层出不穷，构式语法具有很强的实践性，与国人的认知心理相符，在英语界迅速传播，到今天已成了一种很重要的语言研究方法，对促进大学英语创新发展有着重要的指导意义。

一、何为构式语法

（一）概念

构式语法（Construction Grammar，简称 CxG）是 20 世纪 80 年代后期逐渐兴起的一种语法理论和适应几乎整个语言门类的研究方法和流派。构式语法脱胎于认知语法，是对形式语法的悖逆，在本质上属于认知语言学的范畴，但是已经具有独立作为语言研究范式的特征，在一定意义上，构式主义已经形成独立的研究流派。

"构式"（construction）的本义是"建筑""构筑"，即把两个或多个部件组构到一起成为一个更大的单位，后来有了"构造"的意思。传统语法著作借用这个词描写语言结构，这一用法见于此后的许多英语语法著作。例如，Quirk et al 的《当代英语语法》（A Grammar of Contemporary English）、Jespersen 的主要著作、Chomsky 的《句法结构》等著作都使用了这一词。这些著作里的 construction 主要指具体的结构体，这个词的意义保留了本义的一个重要方面：其所指的语言结构必定是两个或多个成分的组合。不过，在大部分的这些著作中，它并非一个专门的术语，从所举例子来看，是指句法上的结构（体），一般不指词和语素这样的结构单位。

（二）特点

在构式语法被提出之前，生成语法十分流行，其认为组成格式的词汇的意义组合决定了格式的全部意义。也就是说，句子有意义，但句子格式没有意义。而构式语法则对此提出了反驳，认为句法格式本身也有独立的意义，不同的句法格式具有不同的构式意义。另外，构式语法也反对模块论。模块论是一种自下而上的研究方法，可概括为"词素—词—词组—短语—句子"的程序，需要先研究词汇，进而推导句子和篇章的意义。构式语法则相反，它采取的是一种自上而下的研究方法，把句式看成整体结构。比如一些图式结构、半固化块状结构，并没有语法规律可言，最好的方法就是以整体的形式存储在记忆中，需要时可直接提取使用。可见，语义和语用在构式语法观点中不可分割。

（三）教学内容

构式语法的教学内容包括形式和意义两大部分，前者具体是指形态、语音和句法特征，后者具体是指语义、语用和语篇功能。总之，构式语法着重于语言的功能性研究，形式和意义（功能）之间存在的对应关系，即象征对应连接链。

比如"What a clever girl！"是一个常见的感叹句构式，由 what, a, clever, girl 几个词汇构成。其实，这是个省略句，整句应该为"What a clever girl she is！"。按照构式语法加以分析，整个构式表达的意义不是某个组成部分所能概括的，也不仅仅局限于句子本身的语义，还有延伸出来的部分。我们可以翻译为"她是个多么聪明的女孩啊！"或者直接译为"多么聪明的一个女孩"。但受语境的影响，其语用特征并不相同，既可以表达真切的夸赞，又可以表示是超乎预期想象而发出的惊叹，甚至可以在反语语境中出现。

二、构式语法对大学英语教学方法创新的启示

（一）理念和理论的创新

树立创新意识，转变英语教学理念。构式语法是对转换生成语法、模块论等传统语法理论的批判，强调语言的形式和意义是一个整体，不能分割，一旦分隔开来，就无法表达出原来的效果。同时，对过去自下而上的研究方法进行改善，施行自上而下的教学模式。教师应抛弃过去通过分小类和分析词类序列区分和教授不同句式的教学方法，向学生强调句式整体意义的把握，寻求形式与意义的同时习得。将构式作为整体来教，鼓励学习者同时注意形式和意义，一并输入构式的音系、句法和语义特征；英语教学应该从过去强调句式形式的教学法过渡到强调把握句式的整体意义的教学法，实现自上而下的讲解与自下而上的总结相结合，归纳教学法与演绎教学法并重。

（二）遵循由易到难的原则

人们在认识世界的过程中，总是遵循由易到难、由表及里的原则，先了解表面和普遍性，随着积累和感悟的增加，才能发现更多问题，进而深入探究，逐步加大难度，使得知识的广度和深度都在不断拓展。

构式语法有难易等级之分，在复杂的构式语法中，常常有子构式、母构式。如果有多

个母构式，由于特征不同，极易产生冲突，最终体现在具体的构式中，即子构式。以双及物构式为例，"What did Lucy give his brother？"按照正常句式，双及物的宾语应该在动词之后，而在特殊疑问句中，原来的宾语做主语，则放在了句首。

在语言学中，形式有无标记、有标记之分，前者指的是共通的特点，后者侧重于特殊情况。而且，后者的学习难度要高于前者，形式相对较为复杂，在实际中使用的频率较低。所以，教师在教学过程中要遵循此类原则，从简单开始，逐步增加难度；从无标记形式学习开始，慢慢过渡为有标记的特殊形式。

（三）形式意义同等重要

与转换生成语法等传统理念不同的是，构式语法强调形式和语义的结合，二者之间存在某种对应关系，不同的形式会导致语义上的差别。在大学英语教学中，应把形式和意义放在同等重要的地位，注意二者的匹配。

以直接和间接转述的构式为例，即便表达的意义相同，在结构形式和语用功能上也有着很大差异。看下面两个构式句子：

I asked my mom where she would go next month.

"Mom，where are you going next month？"I asked.

可见，直接转述和间接转述的形式、语用都不同，前者的重点在于发音和措辞，后者的重点在于表意，是想令听的人明白自己的语义。

（四）导入背景文化知识

前面已经提及，构式语法属于认知语言学的范畴，人们的语言能力是认知能力的一部分。学习英语的过程中必须有足够的语言输入，加上自己的认知和体验，才能逐步掌握这门语言。在英语中，有很多特殊句型和固定短语，往往并没有传统的规范性的语法规律，很难用已有的理论分析。即便在教学中，教师也常常会以"这是固定用法"为借口。所以，学习语言其实就是一种认知活动，面对无规律可言的句式，便需要记忆背诵，存储足够的语言输入，需要时直接使用即可。

大学英语很容易忽视英语背景文化知识的导入，任何语言都是在一定的社会文化环境下形成并发展起来的。英语也不例外，在教学中应注重文化背景的介绍，鼓励并引导学生了解足够的国外文化历史、风俗习惯等，这样再遇到俗语、俚语、谚语时，才能正确理解其意思。教师可推荐一些英文歌曲、英语字幕的电影、介绍西方国家历史文化的书籍杂志。

（五）母语和英语的对比

汉语是我们的母语，英语作为第二语言，一些大学生往往觉得很难。随着教育改革的深入，很多新方法、新理念被相继提出，关于母语和英语关系的研究越来越多，希望能够找到最高效的途径，尽快提高学生的英语应用能力。在这种背景下，容易出现两种极端：

一种是以母语为本，用母语教英语，结果出现了汉式英语。如"不管怎么说，我已经赢了"翻译为"No matter how to say, I win already"，而实际上英语应该表达为"Anyway, I have won"。另一种是太过注重英语，甚至要求学习过程中忘记母语。这种观点显然不合理，而且不太可能实现，我们生活在母语环境中，每天都在用母语跟人打交道，岂会说忘就忘？

笔者认为，最好的教学方法是将两者进行对比，把它们之间的异同点讲清楚，这对学习母语和英语都大有益处。因为我国和西方国家历史文化背景不同，语言系统的形成、演变和发展有着很大差异，比如汉语中没有冠词，表示数量多时不用衍生词缀。举个简单例子，汉语中习惯了说"两头猪"，但英语只需翻译成"two pigs"，而不能译为"two head pig"。

此类差异很多，在不熟悉英语构式语法之前，不能盲目地将其套用在汉语结构中，也不能根据汉语的句式结构直接翻译。所以，教师必须重视两者的对比，既要了解汉语语言系统，又要学习英语语言系统，如此才能降低语法错误率。

构式语法对传统的模块化理论进行了批判，强调构式的完整性，形式和意义两个构成部分应该结合，不能分割。因为研究的是语言形式、语义和功能的结合，所以在抽象句型中能够加大解释力度。总之，构式语法为英语教学和英语理论研究指明了新方向，具有很多优势，可以在大学英语教学中加以借鉴，比如转变教学理念、重视中英文对比等。但同时，构式语法存在局限性，如构式数量太多、构式间的联系容易被忽略。这说明今后还需加强此方面的研究，大学英语教学方法也应不断完善。

第六节　"互联网＋"背景下的大学英语教学方法

随着科学技术和智能手机的高速发展，互联网慢慢走近人们的生活，人们的生活已经离不开互联网和智能手机。"互联网＋"是一种新兴的教学模式和方式，越来越受到人们的欢迎和青睐。"互联网＋"教学模式和传统的教学模式有很大的不同，其充分利用学生的课余时间，既能让学生在网络平台上学到知识，也能让学习变得更加灵活，让学生对学习产生更多兴趣。因此，本节对"互联网＋"背景下的大学英语教学方法进行研究，对这种新型的学习方法进行探讨，并研讨怎样使"互联网＋"教学方法得到更大的提升，从而为学生的英语学习提供更好的服务。

一、"互联网＋"在大学英语教学中的优势

在新课改大背景下，大学英语的教学课时被严重压缩，由于不同的学生对英语教学的需求不同，学生自身学习英语的基础和能力也不尽相同。知识结构不够全面，而使这部分

学生的英语学习得不到满足，影响了部分学生学习英语的积极性，因而这些学生的英语成绩难以得到相应的提高。

（一）"互联网+"有利于提高大学生的英语写作能力

大学英语的学习方法和高中初中英语的学习方法是完全不同的。在中国初高中教学中，由于受应试教育的影响，教师最重视的是提高学生的学习成绩，所以在教学中以词汇教学为主、语法教学为辅，写作在考试中所占的分数较少，所以往往不是初高中英语老师的教学重点，这就导致了"英语写作"成为很多学生的学习短板。但是大学英语教学中，由于四六级考试及学生未来就业的要求，所以对学生的英语写作能力要求较高[①]。在大学英语学习中，展开"互联网+"大学英语教学方法，老师可以在有限的课堂教学中对大学英语写作的技巧进行讲解，然后通过"互联网+"给学生布置英语写作作业，让学生利用网络完成写作作业。"互联网+"英语写作平台很好地弥补了大学老师不能一一修改学生作文的缺憾，可以让学生利用互联网经常写作文、改作文，达到提高大学生英语写作水平的目的。"互联网+"的出现满足了大学生对英语写作的学习要求，提高了学生学习英语的积极性，用灵活的教学方法提高了学生的英语写作能力。

（二）"互联网+"有利于提高大学生英语阅读理解能力，增加学生词汇量

我国初高中英语成绩的提高主要以语法和词汇量教学为主。但是，在初高中阶段，学生英语的词汇量非常有限，到了大学之后初高中积累下来的英语词汇量远远不能满足大学英语的学习需要，大学更加偏向于应用型英语的学习。在大学学习阶段，英语阅读是增加学生词汇量的最佳方法，因此英语阅读和词汇学习是相辅相成的。然而，大学英语教学上课时间非常有限，不可能让学生在有限的课堂上做大量的阅读理解。"互联网+"的出现，完美地解决了这个问题。学生在课余时间利用"互联网+"进行英语阅读，一是能提高学生的阅读理解能力，二是在做题的同时增加了词汇量，这样有利于大学生的英语学习，大大提高了大学英语四六级的通过率。随着全球经济的一体化和科技的迅速发展，英语作为国际通用语言，起到了越来越重要的作用。因此很多工作单位在选拔人才时，很看重大学生的英语成绩。因此利用"互联网+"提高阅读能力和增加大学生的英语词汇量就显得尤为重要。

二、"互联网+"背景下大学英语教学模式的开发与实践

"互联网+"主要分为网内资源和网外资源两种方式，这两种方式各具特色。在大学英语教学工作中，只有将这两种方式结合起来，才能对大学生的英语学习产生最佳效果。在许多地方高校大学中，对各类资源都施行了信息化的管理，学校的内网服务器中也存储

---

① 王汉英，胡艳红，徐锦芬.美国康奈尔大学外语教学观察与思考[J].教育评论，2015（7）：165.

着大量的英文阅读文档，方便学生查阅的时候寻找。相对于外网资源来说，内网资源中的阅读文档更适合正处在英语学习阶段的大学生进行阅读，而且每篇文章的后面都附有阅读作业，可以使学生进行针对性的学习与训练。"互联网+"网外资源更加丰富，现在有很多利用互联网进行教学的方式，比如对于英语教学来说，大学生可以利用 QQ 和微信等资源和英语老师积极地进行学习交流，有不会的问题或者学习英语方法有问题时可以第一时间和老师取得联系并讨论；有很多词汇软件，里面内容丰富精彩。例如，"有道""牛津"等在线词典除了给学生提供查单词的功能之外，还有很多新功能，如"每日一句""美文鉴赏"等，给学生提供了丰富多彩的学习方法；现在在"互联网+"的支持下，产生了很多大学英语教学直播平台，大学生可以通过网络直播学习英语，也可以事后下载观看；可以让大学生利用闲散的课余时间，加强对大学英语的学习。这些"互联网+"背景下的大学英语教学新方式是英语课堂教学很好的补充。

全球进入了网络时代，教育改革引发了大学英语教学的不断改变与更新，"互联网+"作为一种新兴教育模式正在受到越来越多的重视与追捧，它着重培养大学生在英语听、说、读、写等方面的能力，提高大学英语的教学效果，"互联网+"背景下的大学英语教学的新时代已到来！

第七节　在创新创业背景下浅谈大学英语的教学方法

随着经济的进步和科学技术的发展，当今社会教育行业的竞争十分激烈，因此社会需要的是高素质的优秀人才、全面发展的人才。自毕业考试实施以来，考试的压力使传统的教学模式在大学时期尤为突出，还极大地削弱了学生学习英语的积极性和自主性，因而学生的实际应用能力得不到提高。

一、创新创业背景的特点及优势

创新创业教学法是融合了探究教学法、任务驱动教学法及案例教学法等多种教学法的特点，并且是以行动作为导向的一个学习过程。因此在项目教学法中，教师已经不再是知识的传授者和灌输者，而是学生学习过程中的引导者、指导者和监督者，引导学生走在健康的人生道路上，指导学生运用正确的方式方法，达到事半功倍的效果，监督学生的日常生活与学习。同时教师还可以将与主题有关的各种项目纳入学习者的知识构建体系中，从而构建一个全面系统的知识体系。学习者还可以以小组合作和个人探究的形式将理论应用到实践中，从而进行"意义建构"。这种自主地进行知识建构的方式，不仅锻炼了学生的各种能力，还使学生获得知识与技能。在老师的引导、指导和监督下，让学生积极地去探寻知识，在这个过程中，锻炼他们的各项能力。

二、创新创业在大学英语学习中的应用

（一）大学英语新课标的教学目标

根据大学英语教材的编写，大学英语课程是以应用为目的，培养学生的实际应用能力包括听、说、读、写的专业能力和合作探究的基本能力等等。

例如，人教版大学英语教材有三个单元，而每个单元又有六个板块，每个板块都有不同的目标。单元的第一个板块是 Welcome to the unit。像这部分有生动图画和相关问题的内容，可以激发学生已有的与本单元有关的知识，从而让学生能够轻松地学习本单元的知识，顺利地构建本单元的知识。而且这部分知识还与实际生活和社会发展息息相关，从而可以锻炼学生的口语表达能力。接下来是 Reading 板块，这部分的内容是学生接受语言信息的关键环节，有助于学生掌握英语阅读技巧，提高英语阅读能力。学生通过大量的课外或者课本中的阅读能够了解到更多新奇的事物、学习到新的文化。学生还可以通过合作讨论，来提高解决实际问题的能力，同时让学生有机会感受真实、地道、优美的英语，让学生了解到现实生活和社会发展中的方方面面。

（二）项目教学法在高中英语教学中的应用

首先，要分析教学目标，确认项目的任务。大学英语教学重点其实就是要掌握并学习好基础知识，然后提高听、说、读、写等专业能力和实际应用能力。从上面的叙述中可以把每个单元看作一个总的项目任务，然后确定任务，比如教师对所需要完成的语言知识、背景知识进行简单的输入，然后经过讨论、分析出项目学习目标和需要解决的问题[①]。因此在这样的课堂上，教师不再是知识的灌输者，而是学生学习过程中的引导者、指导者和监督者。

其次，根据项目任务，制订项目计划。学生在明确了教学目标之后，根据项目任务，分组讨论并制订出一份合理的、完整的、可实施的项目计划，从而确定工作步骤和工作程序。比如人教版高中英语 Project 这一部分中，学生根据项目任务，制订的项目计划为：第一步分组先阅读 Project 的两篇文章，结合本单元的内容进行分析得到启示；第二步每组选择适合自己的主题；第三步每组为自己的报告收集资料；第四步每组的报告要发给老师并予以指导；第五步在英语教学课上，每组代表要上台展示自己的报告，其余小组给予评价；第六步学生进行自我评价、自我分析、自我检索、自我提升。这样的教学方式不仅充分调动了学生的积极性和自主性，而且锻炼了学生的各项能力，促进了师生之间、学生之间的交流。

最后，分成项目小组，实施项目计划。在确定项目任务，根据项目任务制订项目计划

---

① 秦秀白，张凤春. 综合教程 3（学生用书）[M]. 上海：上海外语教育出版社，2014.

之后，学生就可以成立项目小组共同实施项目计划。但是需要注意的是每个组都要有一个组长，组里成员也都要有明确的分工，以防混乱，导致耗时耗力。

总之，在创新创业背景中，英语学习过程成为英语学习者的参与创造实践活动，注重的并不是最后的结果，而是中间的过程。学习新知识的乐趣，完成项目任务的成就感，体验创新的艰辛和快乐，同时也培养了自身分析问题和解决问题的思路和能力。项目教学法，在大学英语教学中的作用巨大，为学生以后的英语学习打下了坚实的基础，这种教学方法还对学生的考试有很大的帮助，推动了英语教育事业的发展。

第三章　大学英语教学方法的创新研究

第一节　应用现代教育技术转变大学英语教学方法

　　针对传统大学英语教学中存在的不足，本节结合自身教学经验，进一步提出在应用现代教育技术基础上的新的大学英语教学方法；同时也防止对多媒体技术的盲目使用，分析在大学英语中多种多媒体技术的应用，进一步提出在大学英语教学中不同的教育技术应用的最佳状态，为未来的技术英语教学奠定基础，同时也有利于深化大学英语教育教学改革。

　　在我国的经济和科技水平不断提高的背景下，高等教育取得了突破性进展。不过，随着社会的不断发展进步，人才培养有了更高的要求。特别是对于外语人才的培养来说，它在普及外语工作中扮演着重要的角色，是各个高校都努力开展的工作。正如大家所知道的，英语是目前世界上使用最广泛的语言，而自从我国加入世界贸易组织以来，很多国外的公司都来我国进行投资，奥运会的成功举办也向世界展示了中国的风采，中国正朝着经济大国努力迈进，正在努力和世界接轨，在世界的大舞台上，中国也将发挥更大的作用。在这一背景下，各个单位对英语人才的需求比较多，同时也对个人的英语听写能力要求也有所提高。本节通过和自身的大学英语教学工作相结合，以实践为基础开展研究，不断反思传统的大学英语教学方法和现代化教学体系中不合理的部分，同时在英语教学实践中应用教育技术，分析不同的教育技术在大学英语教学工作中最合适之处，探索大学英语教学的新的发展途径[①]。

一、传统大学英语教学存在的缺陷

　　从现在来看，目前的大学英语教学是经过历代英语教育者共同努力得来的，所以大学英语的教育经验已经相当丰富，在经验的带领下，培养出了很多高素质的英语人才，不过，当前大学英语教学仍然存在一定的问题，具体来看主要有以下几点：

（一）大学英语教学模式过于单一

　　大学英语教学一直在努力改革，从 2004 年，教育部组织制定了《大学英语课程教学

---

① 王允庆，孙宏安 . 高效提问 [M]. 北京：高等教育出版社，2016.

要求（试行）》以后，我国的大学英语改革不断深入，但是在具体的大学英语教学实践中，仍然以教师作为教学过程的核心，实行的是"满堂灌"的教学模式。在课堂的授课过程中，教师一味地讲解在课文中出现的英语知识，分析课文的语法结构，忽视了学生的主观能动性，不利于提高学生的学习兴趣。

（二）学生在学习过程中缺乏练习

在传统的大学英语教学模式下，学生是被动地接受知识，在课堂学习中，他们只是局限于对知识的记忆，对英语的学习仅局限于背诵层面上，具体的实践练习机会比较少。另外，学生缺乏课堂之外的练习，所以会导致不会说英语的现象，就算学生可以做题，也可以在考试中取得好的成绩，但是不能用英语和人沟通交流。

（三）媒体应用存在形式主义

我国的教育改革正如火如荼地开展着，这在一定程度上冲击了大学英语教学。越来越多的多媒体技术被应用到大学英语教学工作中，不过，很多教师在应用中仅仅发挥了教育技术以下两个方面的作用：第一，教师单纯地向学生展示自己的多媒体应用技术；第二，有效地减轻自己的备课工作量。很多学生发现，教师的课件内容在教材上都有所体现，这样一来，他们认为不仅可以不用记笔记，课也可以不用听，长此以往，所谓的多媒体教学就变成了形式主义。

（四）学生水平存在一定差异，对教材的理解不够深入

对于大学英语的教学来说，它倾向于对词汇的用法和新的、多种表达方式的应用，这就导致了基础较差的学生难以更好地理解教师讲述的内容，长此以往导致学生难以吸收教师所讲授的知识。另外，因为社会上的英语复习资料比较多，有的复习资料过度强调了应试教育的技巧而存在一定的不合理性，就拿一些英语阅读材料来说，有一部分阅读材料误导学生，在学生完全看不懂材料的情形下也能选出正确答案，这无疑会降低学生学习英语的积极性，对学生的实践能力产生不良影响。

二、大学英语教学中寻求现代教育技术媒体的"最佳适用点"

在教育媒体里，现代教育技术媒体是其中关键的一部分，是对 19 世纪以来人类社会产生的多种科学技术的应用。举例来看，这些科学技术有广播、电视、录音、投影和计算机等等，这些不一样的多媒体有各自的优势和特点，在大学英语教学实践中，它们被应用到多个方面。因此，要寻求多种教育技术的最合适的使用点，使各种教育技术可以发挥其最大价值。通过和自身实践相结合，要想使多媒体教育技术的效果最大化，主要应做到以下几个方面：

（一）在进行英语听力、口语练习时，要通过录音媒体辅助开展

录音媒体是在英语教学中应用最广泛的现代媒体教育技术。通过录音媒体，可以创造多种语境，为学生提供语音范例。另外，录音媒体在操作上比较简单，而且对于录音的教材没有要求，打破了时间和地点的限制，有利于开展情景教学。除此之外，在口语训练的过程里，学生可以把自己的声音录入，通过回放可以发现自己口语发音存在的不足之处，以便促进自我提高。对于教师来说，可以对于不同水平的学生使用不同的录音教材，开展有针对性的训练。

（二）手动操作投影媒体，可以激发学生对单词的学习兴趣

这一媒体不仅可以快速地展现要学习的内容，而且在单词的学习上效果最佳。通过把部分字母去掉，让学生可以在游戏中记住单词，有利于加深印象，这在一定程度上也是格式塔学派的完形理论在学习中的巧妙应用，通过遮盖法可以更好地激发学生的学习兴趣，满足自身的求胜心理。另外，手动操作投影媒体可以激发学生的思维和表述的积极性，营造良好的师生互动氛围。除此之外，还可以使学生更好地学习单词，加强记忆，改变了在过去单词学习中的枯燥和乏味，有利于激发学生对单词的学习兴趣。

（三）通过电视媒体开展情境教学，有利于提高学生的听说能力

对于电视媒体来说，它对信息的传递是通过动态的方式进行的，而在英语听说训练中，可以通过形象的情景帮助教师更好地开展教学工作。首先，教师可以通过预先准备好的教学材料来使学生产生身临其境的感觉；其次，教师可以鼓励学生和电视媒体相结合进行分组配音。通过电视媒体的运用可以集中学生的注意力，增强学生的观察力和思维能力，有利于学生开展听说课程。

（四）通过计算机多媒体，有利于培养学生的综合语言能力，可以使学生在听力能力、语言交际能力和阅读能力上取得突破

计算机媒体可以把课本上枯燥乏味的文字变得有生命，充分激励学生更好地开展英语学习活动。另外，学生可以通过听录音、看英文电影、听唱英文歌曲等方法来学习以英语为母语的人的语音和语调，积极改正自身错误的发音，更好地理解一个词语或者一句话在实践中的运用，进一步提高和加强听、说、读、写的英语综合运用能力。

（五）通过计算机网络媒体，进一步提高学生的阅读、写作能力

在现代的生活和学习中，计算机网络已经发展成最关键的信息源，因此，教师要按照教学内容来设计相关问题，使学生在课前借助网络进行预习。另外，教师也可以提供给学生有助于提高自我的网站，积极引导学生拓宽知识面。通过多媒体网络环境，学生可以在真实的、直接的英语互动学习环境中提高自我，有利于提高学生获取信息的能力。除此之

外，教师可以利用好计算机网络，提供给学生进行阅读和查阅的网络图书馆和电子词典，使学生可以更好地开展学习。举例来看，在互联网上有指导学生写作的网站，利用这些网站，一方面学生可以接触到一些真实的、自然的语言材料；另一方面还有利于拓宽学生的知识面，进一步学习和写作有关的技巧方法。在写作之前，学生要有一定的知识储备，这样写出的文章就不会显得过于空洞。

在科技水平不断提高和大学英语教育改革不断深入的背景下，越来越多的多媒体教育技术被应用到了教学模式中，本节浅谈了几种转变大学英语教学方法的技术作用，为相关研究者提供参考和借鉴。

第二节　促进翻转课堂运用于大学英语教学的方法

翻转课堂是伴随计算机技术发展而出现的新型教学方式，该教学方式的出现跳出了传统教学思想的束缚，给予学生教学主体地位充分的关注，对学生学习兴趣及综合能力的提升具有特别大的促进作用。本节简要阐述翻转课堂的内涵，并从当前大学英语教学的实际情况出发，创新性地提出一系列切实可行的方法，以更好地促进翻转课堂在大学英语教学中的运用。

改革开放以来，随着政府对外开放步伐的日渐加快，中国与世界的联系越来越紧密。作为全世界通用的语言，英语受到了许多人的关注。在此种社会环境下，如何提高大学英语教学效率，增强大学生的英语交际能力便成了当前大学英语教学的一大热点话题。"翻转课堂"便是在此种社会环境下伴随网络的进步而慢慢普及的，它摒弃了"满堂灌"式教学法中存在的不足，科学地利用计算机及网络资源，为学生提供一个良好的学习环境，对学生英语能力的提升具有特别大的促进作用。

一、翻转课堂内涵简介

翻转课堂，又名反转课堂。此处所说的反转即颠覆传统教学中以老师为核心、以学生为辅助的模式。在翻转课堂这一教学方式下，学生是教学的主体，而教师仅仅是教学的辅助者。翻转课堂的通用教学流程，即老师把教材的重点、难点及知识点等完美地融合在一起，并制成教学视频，学生在课余时间提前展开知识的预习，借助教学视频展开自主学习。此种知识的传递选用了当下的互联网信息技术。并且在借助视频学习后，学生亦可自行展开在线测试，对自己的知识掌握情况进行检验。当然，在此种教学方式下，老师可以仅充当部分难题的解答者，同时亦可以在课堂上尽可能多地为学生提供彼此交流的机会。总之，翻转课堂为学生提供了自主学习、共同合作的平台，属于一种与时代发展相符的新型教学方式[1]。

---

① 赵周，李真，丘恩华. 提问力 [M]. 北京：电子工业出版社，2018.

二、促进翻转课堂运用于大学英语教学的方法

（一）科学拟定教学规划，创建多方位资源平台

由于翻转课堂囊括视频制作、视频观看及在线测试等一系列构成部分，所以为了确保大学英语教学的有序展开，老师理应拟定恰当的教学规划。具体而言，老师可从如下几方面着手：第一，老师在挑选课前学习视频时，理应顾及学生的差异性，确保所选视频难度与学生的实际水平相符；第二，老师在创作视频过程中，理应重视语言的精准性及可用性，互联网所包含的知识特别多，教师在挑选互联网资料时理应反复筛选及对比，以确保自己创作视频的质量。除了拟定科学的教学规划外，老师还需创建多方位资源共享平台。比方说，老师可创建教学 QQ 群、微信群，借助此类平台与学生展开在线交流，对学生在学习过程中遇到的疑问进行解答；同时当老师看到比较好的学习资源时，也可以通过此类平台将资源分享给学生。

（二）选用探究式学习方式，提高学生的英语水平

翻转课堂将学习的主动权交到了学生手中，这对于学生综合素质的提升是特别有利的。鉴于此，老师在进行英语教学时理应紧扣教学核心，科学利用翻转课堂的特性，培养学生自主探究及钻研的能力，促进其英语综合能力的提升。就目前来看，我国绝大多数大学生在英语学习方面均存在如下现象：阅读、写作能力较好，听力、口语能力较差。导致此种现象的出现的主要原因是传统的"填鸭式"教学法极大地扼杀了学生的学习主动性，所以为了有效地提高学生的英语综合水平，老师在教学时理应采取恰当的措施，以尽可能地提高学生的学习主动性：第一，老师可以有针对性地给学生布置预习任务，倡导学生通过多次观看自己为他们所选视频的方式寻找答案，充分发挥其学习的能动性，提高其听力水平；第二，就提高口语水平而言，鉴于课堂的某些任务已然通过反复观看预习视频完成了，此种情况下老师便可鼓励学生在分组讨论的过程中积极使用英语，亦可让学生通过角色扮演，把视频里的内容展现出来，力求为其口语能力的提升打下牢固的基础。

（三）创建良好的课堂氛围，积极进行查漏补缺

鉴于良好的课堂氛围对学生学习主动性、积极性的提升有着非常大的促进作用，且老师在课堂上引导学生所展开的查漏补缺能够让学生对所学的知识有一个全面且透彻的理解，所以在选用翻转课堂实施大学英语知识传授时老师理应做到如下三点：其一，革新传统教学所推崇的课堂理念及氛围，不但需给予学生的教学主体地位充分的关注，亦需尽可能地发挥老师的引导作用，教学时应收放自如与学生建立良好的师生关系，让学生爱上英语学习，敢于将自己内心的疑惑、问题表达出来；其二，老师应积极引导学生进行查漏补

缺，在碰到预习视频、音频中难以理解，抑或遗漏的知识点时，老师需为学生展开系统的讲解及补充；其三，老师应对学生的学习情况展开总结及评价，指出学生的不足，如此方可有效地促进翻转课堂在大学英语教学中的运用。

作为伴随社会发展而出现的一大新式教学法，翻转课堂与社会的发展需求相符，系教学工作者与时代共同进步的集中体现。此种新式教学法与大学英语教学的融合及实践摆脱了传统教学理念的束缚，给予了学生的教学主体地位应有的关注，极大地促进了学生学习兴趣及主动性的提升，提高了大学生的英语综合学习能力，给大学英语教学注入了全新的血液，为大学生的可持续发展奠定了坚实的基础。

第三节　基于项目驱动教学理念的大学英语教学方法

项目驱动教学方法旨在对学生的自主探究能力、自主学习能力等进行培养，并使其在教师布置的学习任务的引导下，充分发挥其学习积极性。这一教学理论能够满足大学英语教学培养学生英语综合应用能力的教学目的，但是在实际运用中，还需要教师、社会以及学生自身转变角色，为这一教学方法能发挥应有的效果而创造良好的环境。

随着教育体制改革的不断深化，传统的大学英语教学理念已经不能适应发展需要。而项目驱动教学理念建立在建构主义理论的基础上，为大学英语提供了有效的教学方法指导。

一、项目驱动教学方法的基本概述

所谓项目驱动教学方法，即以项目为形式展开教学，教师充分发挥指导角色的作用，指导学生在精心设计的任务下去进行探究性学习的过程。这种教学方法基于建构主义理论，能够调动学生的学习积极性，在教师制订的教学计划下参与教学活动，充分凸显了学生的主体性地位，使其在理论和实践的结合下，提高知识掌握能力，并提升综合素质。

二、基于项目驱动理念的角色转变分析

（一）关于教师角色的转变

在不断深化的教育体制改革下，要求教师转变角色，实现由传统知识传播者向学生学习过程中的协助者、指导者以及共同学习者进行转变。教师应该积极地磨炼自身的教学技能，拓宽自身的教学知识体系，不断地寻找问题、提出假设，制订讨论计划与实施方案，选择合理的信息获取与评价方式，与学生共同探索目标知识的问题，共同获得新的理解，展示最终的成果，提高教与学的质量。

（二）关于学生自身的角色转变

在项目驱动理念下的学习过程中，《学记》中提出的"教学相长"理论言明了教与学的相辅相成，学生与教师要相互促进，共同提高。而以往师生之间、学生各自之间都存在明显的知识信息差距，应该鼓励学生与教师共同发挥其才能与专长，创造性地解决问题，并共同展示教与学的良好成果。因此，实现学生角色转变具有一定的合理性。

（三）关于社会角色的转变

在项目驱动理念下，鼓励学生将学习渠道拓展到课堂外和社会中，比如可以从职场人士或者科学家身上获得资源。再加上互联网的迅速发展为学生的课外学习提供了多样化的渠道，使其在获取信息时更加便利。因此，社会在学生的学习过程中也充当着重要的角色[①]。

三、项目驱动教学理念下的大学英语教学方法

（一）创设英语教学情境

语言与生活具有紧密的联系，英语学习最终的目的就是让学生在实际生活中能熟练、地综合地运用这门语言。因此，大学英语教学应该以英语实际应用能力为其核心教学目标，实现英语学习的生活化，创设良好的情境，在教师的指导下让学生带着任务融入创设的情境中，直接感受学习语言的过程。比如教师可以针对"Dreams and ideals"这个话题创设情境，采用角色扮演的方式组织学生进行激烈的辩论。

（二）制订项目（确定问题）

在情境创设的氛围中，让学生带着任务，也就是将要解决的问题融入情境中，以其为中心进行学习，使学生在明确的目标指导下去探究问题，有效地激发学生的积极性。同时，在解决问题时，还可以增强学生学习的热情与不断探索的好奇心与欲望。教师应该指导学生基于原有的认知结构去解决任务中的问题，在解决问题的过程中挖掘新的知识点，实现新知识与旧知识的有机融合。比如《新视野大学英语》第一单元的"Learning a foreign language"中，教师可以根据这一课程的中心设置多个问题，如"What are the difficulties in learning a foreign language? What strategies does the author propose?"这些问题的讨论能够为学生的英语学习提供正确的指导。

（三）项目的实施——"自主学习＋协作学习"

项目驱动教学方法主张让学生自主去解决实际问题，并在这个过程中建构起新的英语

① 陈帅.大学英语修辞教学探析[J].湖北经济学院学报，2013（9）：203-205.

知识体系。教师要在其中发挥正确的引导作用，适当的时候可以给予学生一些解决问题的基本线索，比如可以参考哪些资料、可以仔细分析哪些情节来获得信息等等，促使学生去自主探究。学生也可以根据其认识水平与兴趣爱好进行任务分工或者分组讨论，在协作学习的过程中解决任务中的问题。学生交流了意见之后，也可以向教师提出自己的问题。教师应该及时为其答疑解惑，适时增强其学习热情与探究兴趣。

（四）项目驱动理念下大学英语教学的评价

项目驱动法提出了学生参与教学评价体系的要求，将过程评价与阶段性评价纳入评价体系中。在项目计划的实施过程中，可在小组内部或者小组之间进行持续的评价，教师也要更新自身固有的教学评价体系，在新视角下看问题。这种评价方式可以实时监控项目计划的实施情况，并利于进行及时适当的调整。学生之间的相互评价可以促使其认识到自身的优缺点，并努力弥补不足，提高能力，充分发挥合作与竞争的相互促进作用。

总而言之，基于项目驱动理念的大学英语教学方法是当下新型的教学方法，能够充分调动学生的学习积极性，提高其语言运用能力，并在自主学习与协作学习中增强自主探究的兴趣与能力，还可以在自身参与评价的过程中找到不足，克服缺点，提高英语学习质量。

第四节　基于思辨能力培养的大学英语教学方法

随着英语课程教学改革的不断深入，对大学生综合能力的要求不断提高，而思辨能力作为综合能力中尤为重要的能力，被越来越多的教师视作课堂教学中的重要内容，但目前对学生思辨能力的培养仍然很匮乏，具体表现在两个方面：一是教师的教学目标把握不明确，教学体系不够灵活，缺乏对现有资源的合理利用；二是大学生思辨能力缺乏的状况普遍存在，表现在主动性差、学习被动僵化、缺少团队沟通意识等方面。

一、大学英语教学中思维能力培养存在的问题

（一）教师教学存在的问题

1. 课程体系设计不够灵活

大学英语相较于初高中英语给学生提供了更多的选择性，不再仅仅局限于让学生学习基础知识，而是开设多门教学课程满足学生多样化的兴趣需求。尽管兴趣是最好的老师，但是分门别类的课程仅仅关注学生的兴趣还是远远不够的。首先，大学英语分为必修课与选修课，必修英语通常与初高中课程类似，设计缺乏个性化；选修英语规定学生自主选择，学生在选择课程时会受课程难易程度、通过率，教师对出勤率的考察等因素的影响，最终

偏离教学体系设计的初衷。其次，由于个人水平的差异，学生的英语水平良莠不齐，如果教师在教学体系的设计上缺乏针对性，那么不同层次的学生均无法得到全面的发展。

2.没有合理利用现有教学资源

大学内的教育教学设备相对初高中来说配备完善，网络资源也很廉价易取，可以满足教师对学生思维能力培养的需求，但教师在实际教学中仍然沿用传统的教案黑板式教学方法，传统的教学理念无法贴合当下大学生对课程丰富化、趣味化的需求，枯燥无味的课程可能导致学生在学习过程中产生厌恶情绪①。

（二）学生自身存在的问题

学生对英语学习不够重视，一般除英语专业的学生对此门功课较为重视外，其他专业的英语课均为公开课，学生对公开课的重视程度不够，这是长期教学和评判方式所造成的。此外，学生保持初高中英语学习的方法，机械地背诵和记忆课本知识，对英语的学习还停留在简单的单词、句子上，忽略整体的思维逻辑，学生自身对于学习较为功利化，只为考试顺利通过，学习上缺乏主动性，没有探索欲望，导致教师在传统教学理念指引上寸步难行。

二、大学英语教学中思维能力培养的重要性

思维能力是学生受益终身的一种素质能力，启发学生思维能力将会开发学生的逻辑思维，完整的逻辑结构将会使学生更快、更清晰地把握事物，对事物认识能力的增强、思维能力的强化都会大大提升学生的学习效率，学生可以快速将面前的全部资源优化整合、高效运行，学生的自主学习能力和独立性也会增强。

三、如何在大学英语教学中培养思维能力

（一）教育学生从感性认识上升至理性认识

当前学生在英语学习中缺乏理性思考，仅停留在对事物的初步认识当中，即看到什么就表达什么。对于教师教学来说，能够描述发生的现象仅仅是教育教学的初步阶段，若停滞在这一阶段，学生的思维将一直处在表面、浅显的状态，无法深入地认知和了解事物的本质，太为感性是不可取的，教师要引导学生发现事物背后蕴含的本质，了解事物内部间的联系，把握住事物内部间的矛盾，从宏观角度认识事物发展的规律。

（二）教师转变教学观念，提升综合素养

教师的教学观念应该与时俱进，借鉴先进科学的教学方式，突破传统教学中的固有弊病，将素质化教学贯穿于教育始终，不断提高学生的自主能动性，对不同素质的学生采取

---

① 王涛.大学英语教学中英语修辞格的赏析[J].英语广场，2013（10）：97-99.

针对化的教学思路和方式，拒绝千篇一律，鼓励学生个性化发展，注重夯实学生的语言基础，引导学生多视角、跨文化理解教学内容，逐步提升学生的思辨技能；同时教师应充分利用当前可使用的众多资源，利用丰富的网络资源进行教学。

（三）改善评测模式，引进新的评测方式

传统评测模式分为课堂表现、课后考试两个方面。课堂表现又多为对学生出勤率的考察，这样的评测模式无法清楚地了解学生对课堂知识的掌握情况，且较为单一化。引进新的评测方式，即课堂上评测加课堂后评测的新模式，课堂上对学生的知识掌握情况进行提问检查，结合教学问题布置任务，让学生在课后组成小组团队沟通探讨，课上展现讨论成果，并就具体内容进行阐释讲解，教师可以通过引入思维导图结构，提供关键元素让学生拆分补充、拓展思维导图，如此可以充分提高学生的自主能动性。

总而言之，对学生的思辨能力进行培养，不仅可以提升当前大学生的社会创新能力，同时也会使教学体系的改革具有社会意义及指导价值。当前，在大学英语教学中，把学生思辨能力的培养与大学教学进行融合，把大学英语知识当作载体，利用思辨能力的培养以及大学英语教学融合的方式，提升学生独立分析以及应对问题的能力，从而提高大学生的英语思辨能力。

第五节　思想政治教育融入大学英语教学的方法

大学教育兼顾智育与德育，教师不仅要教授学生知识，同时要塑造学生的灵魂。传统的大学英语教学仅注重英语知识与文化的讲解，并未把思想政治教育融入其中。实际上，英语课程中的很多内容都可以作为思想政治教育的切入点，在英语教学中很多教师也在不经意地、潜移默化地对学生进行思想政治教育。因此，在大学英语教学中融入思想政治教育是可行的，且有益于学生的全面发展。

大学生在融入社会之前，除了要具备较高的知识水平外，良好的思想道德品质也是十分重要的。当代大学生的特点是思想逐步走向成熟，但还未能完全适应社会的需要。高校思想政治教育主要是通过相关课程完成的，如马克思主义基本原理概论、毛泽东思想和中国特色社会主义概论、思想道德修养等。同时，辅导员对学生的思想政治教育也起着重要的作用。但是，理想的状态是思想政治教育要贯穿学校教育的全过程，即在各个学科中渗透思想政治教育。

很多人认为最不可能渗透思想政治教育的是英语学科，但实际上，大多数英语教师都接受过高等师范教育，掌握心理学、教育学、教师职业能力等专业知识，且很多高校英语教师都是中国共产党党员，他们有能力承担起教书育人的职责。因此，思想政治教育同样可以融入大学英语教学中。

一、在大学英语教学中渗透思想政治教育的可行性分析

首先，大学英语教学的特点有助于教师在授课过程中潜移默化地对学生进行思想政治教育。大学英语课时相对较多，覆盖面广。在学生大一、大二这个世界观、人生观形成的关键时期，十分适宜渗透思想政治教育。同时，大学英语教学内容题材广泛，尤其是西方文化方面的内容在教材中有广泛的体现。在视听说课程中，除了西方文化的听力材料外，新闻英语听力内容中会涉及中国与世界的关系、西方如何看待中国等内容，翻译练习更是包括中国文化翻译及提升学生民族自豪感和自尊心的内容。这些内容是其他学科不具备的，这也为英语教师提供了思想政治教育的切入点。大学英语教学形式多样，内容丰富多彩，在教学中可以进行分组讨论、辩论、演讲等活动，有利于学生进行中西方思想、政治、文化的对比。

其次，大学英语教材是思想政治教育的辅助材料。教师可以运用英语教材的内容，辅助思想政治教育，帮助学生进一步理解社会主义核心价值观和"四个自信"，培养学生良好的思想道德品质，发展个人综合能力。大学英语文化内容丰富，包括西方文化、中国文化及文化对比等内容，通过对比可以提升学生的民族自豪感和自信心。

最后，大学英语教师在思想政治教育方面具有专业优势。目前很多英语教师个人专业能力较强，对英、美等西方国家的经济、历史、文化了解透彻，在英语教学中可以充分发挥这一优势，将西方资本主义国家的发展现状客观地介绍给学生，让学生在比较中认识到社会主义制度的优越性，从而自觉抵制西方资本主义腐朽的思想文化，坚定社会主义的道德观，有利于大学生正确世界观、人生观和价值观的形成。

二、思想政治教育融入大学英语教学的方法和途径

目前大学英语教学主要包括读写课和视听说课。学生自主学习内容包括慕课、线上读书等。教师应在英语教学中寻找思想政治教育的切入点，并将思想政治教育设置在教学目标中，潜移默化地将思想政治教育渗透给学生 [①]。

首先，从教材入手，制定教学目标。大学英语教材每个单元都有相应的主题，这些主题往往涉及西方国家的政治、经济、文化等方面的内容，作者是从某个角度对话题进行探讨的。教师在备课过程中，可以将这些知识与我国的政治、经济、文化对应起来，尤其是时事政治，这样就可以解决大学英语中中国文化缺失的问题，即在英语教学中，教师只注重西方文化，而忽略中国文化的现象。在以学生为中心的课堂教学过程中，教师还可以根据教材内容，增加关于中西文化对比的介绍，并设置相关的任务，让学生分组学习并讨论，对比中西方文化的不同，引导学生树立民族自豪感和自信心。

---

① 　夏俊萍.浅析大学英语教学中学生修辞鉴赏能力的培养 [J].吉林工程技术师范学院学报，2014（10）：68-70.

其次，在大学英语四六级考试辅导中渗透思想政治教育。例如，新闻英语听力，很多新闻是关于西方国家政治、经济等方面的内容，教师可以为学生提供相应的背景材料，增加国外对中国客观评价与看法方面的听力材料，进而提高学生的民族自信心；四六级的翻译题型均为中国的政治、经济、文化方面的，教师可以通过练习真题，扩展相关材料，同时进行中外对比，增强学生的民族自豪感，使学生在学习语言的同时，提高自身的思想政治觉悟。

最后，拓展大学英语自主学习内容，通过 BBC、VOA 及国外网站，增加学生阅读英文时政消息的渠道，获得西方国家对我国正面的、积极的认识与评价，进一步提高学生的民族自豪感与自信心；还可以通过自主学习的方式，加强学生对时政的了解，并让学生用英语表达对时政的看法，使学生潜移默化地接受思想政治教育。

总之，在大学英语中渗透思想政治教育是可行的。教师应当引导学生在英语学习中重视中国政治文化知识的学习，正确看待西方国家对我国政治、经济、文化发展的评价，在对比中提高自身的民族自豪感，树立正确的思想道德意识，从而成为合格的社会主义事业的建设者和接班人。

第六节　医学人文教育融入大学英语教学的方法

医学的人文属性及现代医学的发展要求医学生需要具备医学人文素养。医学院校必须重视对医学生进行医学人文教育，不仅要重技术也要重人文，培养德才兼备的医学人才。大学英语作为医学生的必修课程，在医学生人文素养培养中起到了至关重要的作用。将大学英语教学与医学人文教育有效融合，既可以提升医学生的英语水平，又可以增强他们的医学人文素养，是对医学生进行医学人文教育的有效途径。为此，英语教师不仅需要更新教育理念，综合多种教学方法，还需要积极引导医学生于英语课堂内外学习人文知识，接受人文精神熏陶，掌握人文思想和方法，在提升英语语言技能的同时培养医学人文素养。

古人云："医，仁术也。仁人君子，必笃于情。"医学既属于科学范畴，又属于人文范畴。然而当今社会过多强调医学的科学属性，却忽略了其人文属性，导致医患关系紧张等社会问题的出现。作为医学人才摇篮的医学院校应当重视医学生的人文素质培养，既要重技术也要重人文。大学英语作为医学生为数不多的人文课程，很适合在课程中对医学生渗透人文素质教育，在培养英语语言能力的同时提升医学人文素养，而如何有效地将医学人文教育融入大学英语教学之中将是本节着重探讨的问题。

一、医学人文教育融入大学英语教学的必要性

医学生的人文素质主要指医学生在接受教育及进行实践活动时所逐渐具备的最为核心

的、较为稳定的素质，这些素质具体体现在医学生的人文知识、人文方法、人文思想和人文精神中。因而医学人文素质既包括医学生的文化素养和人文积淀，也包括医学生在处理问题时所应用的人文思想和方法，如批判性思维能力、逻辑思维能力、团队协作能力、跨文化沟通能力等，以及看问题时所秉持的人文精神，如人文关怀精神、同理心等。医学人文教育的目的是使医学生在学习人文知识、接受文化熏陶的同时，提升人文素养并形成正确的价值观和医学伦理观，从而在日后的工作中可以坚守职业道德，给予患者人文关怀。

然而传统的生物医学模式过度重视医疗技术而忽视人文关怀，导致医生对患者缺乏同理心，从而引发医患关系紧张等问题。这些问题既不利于医疗行业的健康发展，也不利于医生的职业发展，更不利于患者的治疗与康复。同时，大部分医学生认为自身人文素养水平不高，他们渴望提升自身人文素养，并愿意为此付出努力。因而医学院校亟须对医学生进行高质量的医学人文教育，培养具有人文精神的医学工作者①。

《大学英语教学指南》（教育部2017最新版）指出，"大学英语课程是高等学校人文教育的一部分，兼有工具性和人文性双重性质"。我国大学英语教学的目的不仅在于提高学生的英语应用水平，还在于不断提升学生的人文素养。英语课是医学生大一、大二的必修课，又是医学生课程体系中少有的人文课。在大学英语教学中融入医学人文教育具有多种优势，如提高医学生英语学习的积极性、拓宽医学生的文化视野并培养医学生的专业素养、培养医学生的自主学习能力及批判性思维能力等，因而充分利用英语课对医学生进行人文教育是必然选择。

二、医学人文教育融入大学英语教学的有效途径

（一）更新教育理念，创新英语课程体系

在大学英语教学中融入医学人文教育，首先要树立相应的教育理念，英语教学不仅要对学生英语语言能力进行培养，还要兼顾医学生人文素质的培养。同时还应该创立有利于医学院校英语教学转型的医学英语课程体系。任宁等提出该体系要以现代医学为核心内容，将医学英语教学内容融入医学生的专业知识结构中。胡方慧等认为医学人文英语课程应该兼具知识目标、能力目标和情感目标，即通过医学人文英语课程，使学生能够了解医学人文知识，增强英语语言应用能力及批判性思维能力等综合能力，并加深对医护职业的热爱及对生命的尊重。

（二）挖掘英语教材中的人文因素，在课堂教学中渗透医学人文教育

英语教材中有许多值得提炼的人文因素，教师可以借助现有的教材对医学生进行潜移默化的人文教育。本小节将以系列教材《21世纪大学英语应用型综合教程》为例，探讨

---

① 张红.浅谈英语教学中常见的修辞 [J]. 教师，2015（11）：47-48.

如何挖掘教材中的人文因素进行人文教育。在学习课文《Volunteering》《Values》《Hero and Courage》时，教师可以引导学生进行小组讨论，以探讨志愿服务精神、价值观及英雄和勇气等话题，促使学生树立正确的价值观，鼓励学生积极投身志愿服务，并在日后的学习及工作中不断培养真正的勇气。在学习课文《Communication》《Stress》《Innovation》时，教师可以引导学生思考如何进行有效沟通、如何应对学习和工作中的压力以及如何培养创新精神等，这些都是学生在日后从事医疗工作时需要面临的问题，如工作中的压力问题、与患者的沟通问题以及创新能力的培养问题等，在课堂中引导学生思考这些问题可以使他们提早培养相关的素质和能力以应对日后工作中的挑战。课文《Aging Society》与医疗行业息息相关，人口老龄化是目前社会面临的重要问题，教师可以引导学生积极讨论，作为一名医务工作者应怎样更好地为老年人提供医疗服务，使他们在晚年能感受到来自医务工作者及整个社会的关爱和温暖，从而为学生日后从事医疗工作服务老年患者做准备。

（三）将医学人文教育融入英语听、说、读、写等环节

听、说、读、写等环节是英语学习的基本环节，通过在这些环节中融入医学人文教育，可达到提升医学生人文素养并增强医学生综合能力的效果。在大学英语听说课程中，教师可以通过播放医学人文听力材料和国外医学相关纪录片，引导学生思考医学及社会问题，如医患关系、安乐死等，并用英语口头表达他们对特定医学话题的看法，既可以锻炼辩证思维能力及听说能力，又能加深他们对日后从事职业的了解与认知。阅读方面，教师可以推荐学生阅读与医学人文相关的小说和著作，如周思源等提出通过开设以疾痛为主题的英语文学选读，使医学生在阅读并讨论作品时，既能增强英语文学素养，又能强化医学生的身份认知，学会倾听并尊重患者的感受，并能从中获得积极正面情绪，这些素养将对医学生日后的职业发展及医疗行业的健康发展大有裨益。教师还可以从阅读中提取医学相关话题，引导学生用英语进行写作，在此过程中培养医学生的同理心并提升英语写作能力。

（四）采用多种教学方法和手段，丰富医学人文教育途径

近年来许多学者致力于将新兴的教学方法应用于大学英语医学人文教育。朱敏等利用翻转课堂教学模式研究发现，通过课前教学、课中教学及课后作业等教学环节，将医学人文融入英语教学中，有利于培养医学生的人文意识，同时有利于医学生形成正确的人生观、价值观和医学职业道德观。陈潇利用以问题为导向的教学模式进行大学英语人文教育，在教学过程中，教师针对特定的医学话题提出问题，将学生分成小组进行思考与讨论，融入人文素质教育，在提高医学生语言应用能力的同时，增强医学生的人文素养及对未来所从事医疗行业的认知。薄蓉蓉等将以项目为基础的学习模式应用于医学人文英语教学中，该模式强调以学生为中心，提倡在教师的指导下，学生以小组合作的模式自主探索并解决问题。项目学习结束后，医学生英语综合能力在得到提升的同时也形成了良好的科学研究素养。当然，随着互联网技术与多媒体技术的发展，教师还可以利用社交平台如微信和QQ

等，在课前及课后与学生展开互动交流，将优质英语学习资源推荐给学生。学生也可以利用丰富的网络学习资源，如中国大学慕课、TED演讲等，学习更多课堂外的优质教育资源，了解最新医学人文发展趋势，提升医学人文素养。

（五）发挥第二课堂的作用，使其成为医学人文教育的有益补充

学校外语部门可以通过开展多种形式的英语课外实践活动来激发医学生的英语学习兴趣，同时提升医学生的人文素养，锻炼医学生的辩证思维能力、表达能力、小组协作能力、创新能力等，如英语演讲比赛、英语辩论赛、英语短剧比赛、微电影制作等。同时还可以通过组织人文知识讲座来培养医学生的学术综合能力，从而增强他们的跨文化意识并加深他们对人文体系的了解。

（六）教师应进行角色转换，提升医学人文素养

教师应该成为教学活动的主导者，充分发挥学生的主体作用，使学生充分参与到教学活动中，锻炼自主学习和探索能力。同时教师应该提升自身的专业素养、人文素养和医学素养，具体可以参加系列培训、广泛阅读人文及医学方面的书籍等，只有自身知识储备丰富才可以更好地指导学生提升医学人文素养。

增强医学生的人文素养是医学发展的内在要求也是社会发展的必然趋势，在大学英语教学中融入医学人文教育既有利于发挥英语课程的人文优势，又可以提升医学生的人文素养，是新时期大学英语教学面临的新要求与新挑战。大学英语教师应当秉持医学人文教育理念，转变角色，做好学生的引导者和指路人，利用互联网和多媒体技术，综合翻转课堂、以项目为基础的教学法等混合式教学方法，指导学生于课堂内的听、说、读、写中学习人文知识，接受人文熏陶；于课堂外丰富的英语实践活动中运用人文思想，锻炼综合能力，在提升医学生英语语言技能的同时增强他们的医学人文素养，助力其成为既有医术又有医德的优秀医疗工作者。

第七节 学习动机与大学英语教学方法

一、外语学习动机的影响因素

外语学习动机的影响因素，主要有认知、情感及社会环境等。对于大学英语学习来说，浓厚的学习兴趣、强烈的学习动机可促使学生在学习过程中取得较好的成绩。

（一）认知方面的因素

学习者的认知因素主要指学习者的自我认识，包括自我概念、自我效能、自我价值等。

自我概念是学习者对外语学习的一种认识，对学习优劣势的分析，对外语学习成功和失败的判断等。自我效能是认知视觉的另一个动机理论，主要指学习者一定时期内能够达到某种目的的信念。

（二）情感方面的因素

情感因素纷繁复杂，影响学习动机的几点情感因素主要包括兴趣、态度、自信心和焦虑等。外语学习兴趣是与学习者的内在动机紧密联系在一起的，而且培养和激发学习者的学习兴趣是促进学习动机的关键因素。学习者的自信心与学习动机是一种线性关系，自信心强烈学习动机自然强烈，自信心不足则无法形成强烈的动机。焦虑感与学习动机的关系较为复杂，学生有低度焦虑感时能激发学习动机，但焦虑感强烈时则可能削弱学习动机[①]。

（三）社会环境方面的因素

除了学习者自身的影响因素外，社会环境因素也不容忽视。例如，外语课程大纲的要求，人才市场对毕业生外语方面的需求，师生关系、家庭环境及外语教师对学生的影响等，尤其是同龄学习者或同一环境下英语学习者的外语学习情况，对学习动机的影响也十分显著。

二、对大学英语教学的几点思考

通过对学习动机的相关理论、内涵及其影响因素的分析与探讨，可以知道学习动机是学习者学习和责任培养的前提条件。在整个外语学习过程中，学习动机对学习者学习的成败与效率有至关重要的作用。探索与研究学习动机的影响因素，有助于加深学生对外语学习本质的认识。教师通过采用不同的教学方法与策略，培养激发学生的英语学习动机，发展其自主学习能力，提高其学习有效性。

（一）依据学生需求设置课程，增加教学内容的趣味性

选择教学材料时，教师应充分考虑学生的英语学习需求，使其适应未来社会的需要。教学过程中，教师要重视学生的英语实用能力，注重培养学生的口语及写作能力。只有当学生真正意识到英语学习需求有一定价值时，才能不断激发学习动机和自主学习能力。同时，教师可以适当引入社会文化方面的教学内容，如原版英文电影赏析、校际的英语学习交流，加深学生对英语文化的了解，通过对比不同文化的差异性，逐渐培养学生的跨文化意识，增强其学习动机。

（二）提高教师素质，完善教师教学价值观

通过教师的教学素质可以看出教师能否胜任这门课程的教学工作，而教师的教学价值

① 张学新.对分课堂：大学课堂教学改革的新探索[J].复旦教育论坛，2014，12（5）：5-10.

观则可以决定教师能否在教学过程中认真对待他的本职工作。这些都影响着学生的外语学习动机和学习态度。因此，教师除了精通业务，还要具备良好的教育学、心理学等方面的知识。在教学中，教师要及时转变角色，以学生为中心，采用先进的教学理念，真正成为英语课堂上的组织者、协调者和辅助者。

（三）合理归因，提高学生学习英语的自信心

归因理论在外语教学中最重要的应用就是重新归因训练。学习者能否进行合理的归因直接影响着其外语学习动机，因而教师应积极地引导学生进行归因技能训练，根据学生的具体情况，为其制定切实可行的学习目标，在分析和评估外语学习成败的原因时，帮助他们认识平时努力和最后结果之间的关系，使其可以控制学习结果。一旦学生在外语学习中遭遇挫败，应及时给予鼓励，纠正他们的消极归因，尽量将其失败归因于可控因素，如失败并不等于他们没有能力学好英语，而是他们所付出的努力还不够，或是学习方法、策略使用不当等，避免使学生失去自信和学习动力，逐渐培养学生进行正确合理的归因。此外，教师可向学生介绍一些成功的英语学习事例，帮助学生树立英语学习的自信心。

（四）建立合理完善的测评体系

建立形成性评价与终结性评价相结合的评价体系，根据不同的教学目标，设置不同的教学任务，注重学生个体差异，有选择性地应用多种评价手段，如教师评价、学生自评、互评及档案评价等，从听、说、读、写、译等方面对学生进行综合评价。评价前应使学生明确学习任务、目标，在教学过程中，教师要不断肯定学生所取得的成绩，并及时给予建设性反馈意见，使其明确学习中存在的问题，从而不断改进学习方法。这不仅有助于提升学生参与课堂教学的积极性，还能提高学生的学习兴趣和自主学习能力。

第八节　基于自我认同变化的大学英语教学方法

大学英语学习中的自我认同，是指学生对自己学习动机、学习能力、学习兴趣、学习目标追求的自我反思性评估和认识，是英语学习中所扮演角色的持续、动态的自我意识。笔者在长期的大学英语教学实践中，认识到学生自我认同的变化对学习效果具有重要影响。

一、自我认同变化的主要类型及其描述

以自我认同理论为基础，高一虹等人在长期的大学英语教学实践中，分析了大学生在英语学习中自我认同变化的不同类型，归纳起来可以分为自信心变化、附加性变化、消减性变化、生产性变化、分裂性变化、零变化六种类型。薛菊华等人通过专家咨询等方式归

纳了自我认同变化的行为感知描述。

二、自我认同变化与英语学习的关系

（一）自我认同变化对英语学习的影响

语言的学习与交流过程同时也是一种参与人身份或自我认同（Self-identity）的建构。人们在一种新语言的学习过程中，个人的能力认识、语言交际方式、价值观念都可能发生某种程度的变化。这些变化往往对学生的语言学习兴趣和持续学习能力产生重要影响，特别是对学生语言学习中自我目标设定产生了决定性影响。在英语学习中，学生的自我认同存在着良性变化和消极变化。研究者大都指出了学生自我认同良性变化的重要意义，但对于各种变化应采用何种优化教学方法还需要进一步研究。

有研究者在前人研究的基础上，结合专家咨询，设立了学生英语学习中自我认同程度的评价指标体系，采用层次分析法确定了各项评价因子的权重，再结合学生自我测评，测量了学生自我认同的变化程度。在研究过程中，研究者以中国地质大学（武汉）2010 级135 名学生为研究对象，分两组进行测评，通过教学实验进行对比测量。结果显示，自我认同变化与学生学习成绩变化具有明显的正相关关系。在学生自我认同变化中，自信心变化对促进学习成绩提高的作用最为明显。当学生认为他们"可以通过努力学习提高英语成绩"，并且他们课后与老师交流和与外国人交流的欲望增强时，他们的学习效果也会相应增加。生产性变化和附加性变化也对学生的学习成绩提高有较大的促进作用。在生产性变化中，当"关心自己专业的国外技术发展"的程度增强时，他们的英语学习效果也会增强。消减性变化和分裂性变化不明显，二者对学生学习效果的影响尚不确定。

（二）不同自我认同程度学生的教学策略

前述研究表明，需要针对学生自我认同状态的不同程度，有针对性地探索不同的教学方法。首先要归纳不同自我认同状态学生的不同学习特点，考虑要兼顾学生自我认同状态的可识别性和教学策略的可操作性，可以根据自我认同状态将学生分为两类，即 I 类学生和 II 类学生。

I 类学生的特点是，具有很强的学习自信心和良好的自我意识，具有很强的克服学习障碍的勇气，参加各类英语竞赛的愿望强烈，具有很强的参与性，敢于大胆与别人进行英语交流。针对这类学生，应采取如下教学策略：利用现代信息技术营造自主学习的便利条件，应该把课堂作为辐射中心，把学生的课外社会实践、机房自主学习、考试与竞赛、兴趣小组交流联系起来，让学生在自主学习的环境中实现自我[1]。

II 类学生的特点是，由于他们的学习自信心稍差，自主学习的能动性不足，学习的参

---

[1] 汪军，严晓球.近十年来国内大学英语大班教学研究综述 [J].教育学术月刊，2011（11）.

与性不强，学习过程中的"生产性变化"不明显，因此在学习中要更多地施加人为的干预和引导。有针对性的教学策略主要包括：帮助他们制定阶段性的学习目标；利用信息平台，更多地加强学习引导；学习中给予他们更多的关心和关注；学习过程中采取一定程度的强制措施。

三、基于自我认同的形成性评估

许多学者研究过形成性评估在大学英语教学中的应用。多数学者认为，在英语学习中运用多种形式的过程性评估方法，更有利于提高学生的学习兴趣和教学的针对性。概括来讲，主要的评估过程是将定位评估、教师评估、清单评估、学生自评结合起来。我们认为，形成性的评估方法，特别是其中的学生自评，对教师及时发现学生的自我认同变化具有重要意义。

传统的形成性评估的主要优点在于，引入学生评估，增强了学生在评估过程中的参与性。传统的形成性评估的主要缺陷在于，学生自评仍然是对学习效果的评价，这种评估的目的仍然是评估结果的公正性和合理性，而不是让学生去发现自己学习的进步原因与过程。

前文中关于自我认同变化与学习效果的关联性研究，我们发现，在形成性评估中引入自我认同变化的评估，将有利于学生发现自己学习进步或退步的原因。因而，可以设计一种以自我认同变化评估为中心，以教师评估、考核成绩评估为参照的评估方法，我们将这种方法称为基于自我认同变化的形成性评估。

基于自我认同变化的形成性评估，具体操作步骤如下：（一）每次进行单元测试之前，先进行学生的自我认同状态评估，自我认同状态评估可以利用量表让学生自测他们的自我认同状态；（二）进行单元测试和教师评估；（三）让学生将自我认同状态评估与单元测试成绩评估进行对比，找出二者的关联性。这种评估方式每学期可进行 3~4 次，这样学生就可以发现自我认同状态变化对学习成绩变化的影响，从而增强学习的自主性。

当然，部分学生可能还认识不到自我认同变化与学习效果之间的关系，这时就需要教师的参与。教师要与这部分学生面谈，从而研究这部分学生成绩变化的原因。

四、基于自我认同变化的情感教学

情感教学理论描述了教学中师生情感表达与互动对学习的影响。由于教学效果的提高是客观教学环境与教学双方主观能动和主观情感共同作用的结果，而主观情感是学生自我认同的重要影响因素，因此充分调动学生英语学习方面的主观情感，有利于提高学生的自我认同程度，从而提高英语学习效率。

由此可以提出基于自我认同变化的情感教学法。这种方法的逻辑过程是教师情感表达—学生情感的接受—师生情感共鸣—学生自我认同的提高—学习效果增强。

教师表达什么情感？教师首先要表达出强烈的职业情感，包括对英语知识的热爱、对学习的热爱、对英语的热爱、对英语教学的热爱、对英语教师这一职业的热爱。在学生眼中，教师首先是一个职业人，教师只有自身表现出对英语教学职业的强烈情感，才能感染自己所接触的学生群体，才能获得学生的尊重，才能让学生感受到英语的教与学是一件很重要的事，是很有意义的事。

如何表达情感？教师仅仅有职业情感，而不知道如何表达出来，或者表现不当，都是没有意义的。教师与学生的接触，主要是在课堂上；在课间的休息时间，在网络平台上，偶尔会有些私人接触。在与学生接触前，教师要提前做好知识准备；在与学生接触时，要展现饱满的精神状态，与学生积极主动地交流。

如何让学生接受情感？首先要让学生感受到被尊重，只有让他们认识到自己是学习的主体，并且在群体中自己是一个很重要的学生，他的学习积极性和能动性才会被激发。因此，教师在与学生交流时，要表现出对学生的关爱、鼓励、关注。教师应该记住每一个学生的姓名，知道每个学生的学习特点、每个学生的学习需求。

如何形成情感共鸣？师生之间进行合理情感的表达与情感的接受是形成情感共鸣的基础。当然，要形成强烈的情感共鸣，教师还有许多工作要做，还要有共同的行动来激发情感的共鸣。可以采用的方法有共同学习、共同活动、共同克服困难、共同胜利。例如，在课堂教学中，教师针对学生感兴趣的问题临时设置一个讨论"话题"，与学生共同讨论。对于这一"话题"，教师并没有事先做资料上的准备，也没有一个标准的答案，而是通过与学生共同讨论来得出结论。教师与学生共同收集有关话题的信息，共同磋商讨论话题的英语表达方式，共同辩论，最后得出结论和英语表达方法。通过这种共同的学习行动，来刺激情感的共鸣。

情感如何作用于学生的自我认同？在共同的学习行动中，一方面，由于学生参与共同寻找问题、共同克服困难、共同解决问题、共同胜利，学生会认为自己是解决学习问题的主体，是"胜利行动"中的重要一员，所以他会在这种学习中增强自我意识，提高自信心；另一方面，经常采用这一学习方式，学生在学习过程中，还会不断地产生"生产性变化""附加性变化"和"情感变化"，逐渐地，学生的自我认同程度会产生积极变化，从而激发学生的学习兴趣，增强学习效果。

第九节　艺术类学生的大学英语教学方法

大学英语教学中存在着一个特殊群体——艺术类学生。这类学生的思维方式和心理状态有别于其他专业的学生，他们情感丰富、思维活跃，他们能从独特的视角观察、感悟事物并用独特的方式进行表达。但是有过艺术类大学英语教学经验的教师都知道，这些思维活跃的艺术类大学生多数英语学习能力差，且谈英语色变。随着高校艺术类招生规模的扩大，对艺术类大学生的英语教学方法进行全方位的探究已经成为高校英语教师迫切需要解决的问题。

一、艺术类学生大学英语教育现状分析

与其他专业的学生相比，艺术类学生的思维方式和心理状态都具有特殊性。艺术类学生的形象思维能力较强，思想活跃，但逻辑思维能力相对较弱，条理性不够清晰，由此可见，艺术类学生的思维方式和心理状态的特殊性与语言学习的要求本身就存在一定的矛盾，因此，与其他专业的学生相比，艺术类学生在接受语言信息方面的能力相对较弱。

二、艺术类学生大学英语教学方法改进探究

因材施教是教学过程中一项重要的教学方法，在教学中根据不同学生的认知水平、学习能力和自身素质，教师选择适合各个学生自身特点的学习方法，有针对性地教学，发挥学生的长处，弥补其不足，激发学生学习的兴趣，树立学生学习的信心，从而促进学生全面发展。作为教学主体的学生，他们的学习态度、学习方法和学习能力是提高学习成绩的决定性因素，教学活动则应当以学生为中心，以提高学生素质为目的来安排设计[①]。在大学英语教学实践中，我们要针对艺术类学生的特点，采取相应有效的措施，以提高艺术类学生的英语水平。

（一）用形象的方式向学生展示大学英语课程的学习目的

针对学生形象思维能力较强的特点，在大学英语的第一堂课上，教师可以设计一套形象的教学方案。例如，选用 Flash、英文短片或者是其他比较独特的方式向学生抛出英语学习的两个简单目的：直接目的，顺利通过大学英语的各期、各级以及研究生入学考试；间接目的，运用英语完成基本的艺术专业性沟通和文化间的渗透、学习，为生活增添色彩。思维活跃的艺术类学生惧怕复杂，崇尚简单，因此他们学习英语的目的要具有形象、简单的特色，以使学生树立信心。

（二）引导学生制订自主学习计划

中学阶段的英语学习基本为听课、完成作业、考试和评讲的套路模式。初进大学的学生往往独立学习能力和制订自主学习计划的能力较弱。大学教师要鼓励学生一展才能，因势利导他们合理、充分地利用课余时间，制订适合自己的自主学习计划。让他们知道，分配好学习艺术类专业和英语等文化课程的时间就如同一个成功人士能处理好事业、家庭的关系一样，对他们的成长和发展具有重大意义。

---

① 杨淑萍，王德伟，张丽杰.对分课堂教学模式及其师生角色分析[J].辽宁师范大学学报（社会科学版），2015（9）.

（三）启发学生探索适合自己的学习方法，激发学生学习英语的兴趣和热情

影响学生学习积极性的因素有两类：第一类是外部因素；第二类则是学习主体的状态，包括智力因素和非智力因素。众所周知，学习兴趣在任何学习过程中都起着相当重要的作用。从心理学角度来讲，学习兴趣是认知需要和学习爱好的情绪表现，是直接推动学生学习的内在心理机制。具有学习兴趣，会引发学生强烈的求知欲。

教师在英语教学活动中应向学生介绍简单易行的记忆方法，激发学生的联想思维，让学生把英语学习变成一种快乐、简单、持久的习惯。

三、艺术类学生大学英语教学改革的建议

要全面提高艺术类学生的总体英语水平，英语教师要加强责任心，积极探索适合艺术类学生的教学方法，因材施教，充分发挥积极、乐观的引导作用。还需要将艺术类学生的大学学习看成是一个整体，发挥各高校中各个部门和各专业院系的主观能动性和密切合作性，共同将大学英语教学工作抓好。

随着整个社会的不断进步，国际交流也变得越来越广泛和频繁。我们的艺术要走向世界，艺术人具有较高的英语水平是必备条件。只有掌握英语、了解西方文化艺术的人才能成为社会需求的复合型人才。

因此，打破国内高等院校艺术类英语教学各自为政的状态势在必行。这就要求我们要联合国内各高等院校的艺术类英语教学力量，成立一个全国性的高校艺术类英语教学研究组织。根据艺术类人才培养的特殊性，构建艺术类的英语教学体系，组织编写教材，制定艺术类英语考级标准。

第十节　网络信息时代下的大学英语教学方法

人类文明已进入网络信息时代，它在给人们带来方便快捷和改变人们生活方式和生活节奏的同时，也对传统的教育方式产生了深远的影响并提出了不可抗拒的挑战。本节将对如何在大学英语教学中利用网络改变传统的教学模式进行阐述。

一、对大学英语教学进行改革是顺应时代发展的必由之路

改革开放30多年，人民生活水平得到了极大地提升。随着国际化的步伐越来越快，传统的英语教学已无法与国际接轨。一名老师、一根教鞭的传统教学模式已无法满足学生对英语知识的渴求。这种教学模式，仍停留在背单词、记语法、死记硬背经典课文上，这只能满足传统的应试教育，无法顺应当下社会对人才全方位的需求，即听、说、读、写、

译全方位的要求。从这种意义上来说，对大学英语教学进行改革已势在必行。改革意味着发展与进步，英语教学改革则意味着老师在教学的过程中，在有效的时间内如何充分调动学生的主观能动性与创造性。网络时代的到来，即是在课堂内外全面提升学生认知能力和所涉及知识的全面拓展。利用好网络进行教学，不仅可以把外语知识很好地传输给学生，更能引导学生把外语当作一种工具，积极主动地接受它、运用它，变被动地接受为主动地学习。计算机应用在英语教学的改革中将产生变革性的作用。

二、将计算机作为教学工具运用到英语教学中是时代的必然产物

高等教育大众化的时代已经来临，吉林省在国内是以教育大省著称的，以吉林省为例，20 年的高等教育招生录取率在逐年提高。截至 2012 年，普通高考录取率已达到 78%，到 2020 年，普通高考录取率达到 97%。各所高校的录取率虽然在跨越式地上升，但也暴露了一些不可回避的问题，如教师严重短缺、教学软硬件严重不足、教学效果滞后等。如何在不大幅增加资金投入的情况下有效解决上述问题，是教育工作者值得深思的问题。计算机的出现不但改变了人们的生活方式和生活习惯，也在一定程度上给教育带来了福音。国内外专家学者普遍认为，利用计算机网络辅助教学在一定程度上有效解决了很多问题。计算机课件可以让学生变被动学习为主动学习，计算机辅助教学模式可以减轻教师严重短缺的问题，计算机辅助教学在一定程度上可以解决高校资金投入短缺的问题。

三、新时期英语教学的新模式

实施计算机网络辅助教学的条件已基本成熟，即使在经济不太发达的地区，人们对计算机的熟悉程度也已不是什么新鲜事物。在省会城市和地级市，学校和家庭已完全拥有计算机，这是实施计算机网络辅助教学的一个很好的前提与保障。特别是在高校工作的教师和在读的大学生，都要具备操作计算机的水平和能力。目前，各高校的在校大学生计算机拥有率已十分庞大。当然，要想在英语教学中引入计算机作为辅助教学，也存在一些实际问题。比如，年纪较大的老教师在教学经验和知识结构上虽然十分丰富，但对计算机的专业操作还不如年轻教师熟练，这就需要学校组织他们参加培训；年纪较轻的教师对计算机的操作虽然十分熟练，但在教学经验和知识结构上又不如老教师；能够应用于英语教学的课件还不十分丰富，课件的制作水平还不够高等。

利用计算机网络辅助教学主要存在以下几种情况：一是以教师教学为主，计算机教学为辅；二是以计算机教学为主，教师教学为辅；三是教师教学与计算机教学并重。第一种教学模式具体表现形式是教师在课堂上传授知识时，仍是以老师讲授为主，但是在知识涉及的背景上以图片、视频等形式更直观地向学生予以展示，进而对所传授的知识让学生有一个更加直观的感受，增强学生的记忆功能。第二种教学模式具体表现形式是对学习成绩不同，基础程度不同的学生在教学过程中，针对他们提出的各种问题，通过计算机有针对

性地予以答疑或讲解，这种教学模式较好地避免了在课堂上出现学生成绩好的学生对知识的渴求不够用，学习成绩一般的学生对老师讲的知识听不懂的局面发生^①。可以在有效的时间内让全班学生的英语知识水平全面提高。第三种教学模式适用于课外自习辅导。在自习课上，老师与学生通过网络全面在线，不同学习成绩的学生可以针对自己不熟或不懂的知识与老师单线交流，老师可以通过计算机一一给予解答。它可以让老师了解每位学生对知识的掌握程度，可以有针对性地对每位学生进行辅导，更可以发现哪些知识点是所有学生都没有掌握的，从而进行再教学过程的实施。此种教学模式真正实现了因材施教的教育理念与教学实践。通过计算机教学，在一定程度上节约了资源，减少了教学投入，对环保也做出了贡献。

---

① 张博雅 . 对分课堂：大学英语课堂教学改革的新思路 [J]. 科学与财富，2015（12）：803.

第四章 大学英语教学方法的实践应用研究

第一节 多模态协同及其在大学英语教学中的应用

当前导致大学英语教学效果不理想的原因众多，其中教学模态单一以及各个模态之间缺乏协调是大学生不愿主动学习、大学英语课堂教学效率低的重要原因。在大学英语教学中应用多模态协同能够调动学生的听觉、视觉、触觉，通过图像、声音的引导，提高英语沟通能力，提升大学生的英语素质。

一、多模态协同

多模态是指运用多种构建意义的手段与符号资源，尽量将人的听觉、视觉、触觉等多种感觉同时结合起来开展信息传播与交际的行为。模态之间的关系是由具体语境与交际目的所决定的。通常来说，视觉模态及听觉模态是人们在交际过程中选择的主要模态形式，而嗅觉、触觉、味觉等为辅助性的交际模式。在实际沟通交往过程中，为了传递某种特定的含义，可以同时运用多个模态或实现多个模态之间的转换。模态选择的合理性取决于交际者利用媒介的能力及多模态识别的能力。长时间以来，大学英语教学都只关注英语词汇、句子、语法的知识点教学，教学方式与目标仅仅从单一的文字模态入手，鲜有融合非文字的模态形式来进行课堂教学活动。伴随着互联网技术与信息技术的发展，多模态以及多模态协同已经开始对大学英语课堂教学产生影响[1]。多模态的协同教学，即为教师在课堂教学过程中要运用多模态开展教学，课堂需要涵盖视觉模态、听觉模态、口头模态、书面模态、体形模态等。在大学英语教学中多模态协同就是利用互联网、多媒体技术等客观环境与条件，为大学英语教学提供多种语言与非语言的多模态语境。多模态协同在大学英语教学中应用的基本目标就是要提高学生运用英语开展多模态交际的能力，提高学生通过多媒体与多模态自主学习的能力，以满足社会发展与经济全球化对大学培养高素质人才的要求。

---

[1] 柴霞 . 基于"对分课堂"的大学英语教学实践与反思 [J]. 曲阜师范大学公共外语教学部，2016（6）.

二、多模态协同在大学英语教学中的作用

在大学英语教学中应用多模态协同能够起到以下作用：第一，融合语言模态和非语言模态，激发学生参与学习的积极性。多模态协同理论中的非语言模态能够在传递信息中发挥巨大的作用。非语言模态主要包括身体特征、教学环境、教学道具等。在多模态协同教学下，教师可以利用图片、音频、视频等方式对英语知识点进行多方位的全面分析。例如，在大学英语词汇教学中，教师可以播放含有需要学习词汇的英文歌曲或英文原声电影，以吸引学生的注意力，调动学生参与学习的积极性，使其深化对词汇的记忆。第二，实现学生多感官互动。多模态协同在大学英语教学中能够实现视觉与听觉的互动，调动大学生的各个感官，从而使教师生动地进行英语知识点的讲授。例如，在大学英语课堂中，教师可以通过有感情的语言及丰富的肢体动作，配合背景音乐来渲染教学氛围，让英语课堂变得更加和谐、有趣，以激发学生学习英语的兴趣。

三、多模态协同在大学英语教学中的应用

（一）大学英语课堂教学中应用多模态协同

1. 视觉模态与听觉模态的协同。大学英语课堂的布局是视觉模态，其明确了大学英语教学的环境，同时也明确了教师与学生在英语教学中的角色。在课堂中，学生的视觉对象包括教师、黑板、讲台，大学英语的教学过程主要为听觉模态。视觉模态决定了课堂布局以及教师在课堂中的地位，但视觉模态也只是听觉模态的辅助与基础。基于听觉模态分析，教师的话语权占据了课堂的主导地位，对于教师来说，学生是其进行话语教学的主要接受对象，这就对教师的话语质量有着较高的要求。因此，教师在大学英语课堂中的话语要精确清晰、语法正确、发音准确、速度合适。与此同时，教师在教学过程中声音的响度、语调的高低、重度的节奏都会对英语教学效果产生一定的影响。因此，听觉模态中的各个模态之间也需相互要配合，以达到强化口语模态的作用。教师在英语教学过程中也会通过变化视觉模态来强化口语模态，如运用手势来代表节奏，模拟所讲述的事物，运用表情的变化来突出知识点的重要程度。

2. 文字模态与非文字模态的协同。在大学英语阅读教学中主要以文字模态为主，指导学生重点掌握非文字模态，探索其与文字模态之间隐藏的内在关系，帮助学生赏析、鉴别文字模态的意义，提升学生对文字模态的敏感度。教师可以引导学生在阅读文章时对文章的标题、小标题、斜体字、标点符号等进行标识，对文章的重点信息进行定位。例如，阅读材料 "Jack went to Fifth Avenue with Tom in New York in September 30th." 中多次出现大写字母，大写字母通常表示地名与人名，在阅读过程中运用跳读的方式来掌握大意，则可以快速获取关键信息。再如，教师在进行英语阅读教学过程中训练学生对非文字模态的语

篇进行分析，向学生展示三幅不同的图片：第一幅是正在融化的冰川；第二幅是一望无垠、寸草不生的沙漠；第三幅是黑色的河流。要求学生分析这组图画要传递什么意义，将学生引入生态环境保护的阅读话题，从而实现大学英语阅读教学中图片模态与文字模态的协同。

（二）大学英语师生互动中应用多模态协同

建构主义理论提出，学习过程是学生发挥主观能动性、主动学习、主动构建知识架构的过程。建构主义理论否定了传统大学英语课堂教学中教师灌输、学生被动接受的教学模式。教师与学生在课堂上的角色也发生了变化。教师从知识的讲授者转变为了学生学习的引导者，也就是教师在课堂教学中扮演着引导者、组织者的角色，在学生发挥主观能动性构建知识结构时起到辅导作用。因此，大学英语教学中多模态协同的应用能够进一步深化建构主义理论，转变传统教学模式中学生被动学习的状态。多模态协同下的大学英语教学能够实现教学互动，将学生置于多模态协同的学习语境中，从听觉、视觉、触觉等多方位的感官来提高学生运用英语开展交际的能力以及潜在的语用潜能，让大学生能够在多模态协同的环境下主动学习。在大学英语课堂中，教师可以通过多媒体技术来支撑多模态协同的进行，实现教学与学习的互动，通过师生互动的方式来实现多模态协同教学的效果。师生互动是指在大学英语课堂中，教师与学生面对面进行的教学活动。在课堂教学中教师需要将知识点通过文字、图片、音频、视频的形式展现给学生，以吸引学生的注意力，使其更好地理解、接受知识点。与此同时，教师还会通过语言表述、手势动作、面部表情等与学生进行互动。例如，在讲解某一知识点的时候，如果学生露出疑问的表情，教师则能够通过视觉模态信息得知学生尚未理解，从而进行深入讲解或换个角度讲解。

（三）大学英语测试评价中应用多模态协同

在大学英语教学对英语"听、说、读、写、译"五项基础能力进行评价的过程中，可以运用基于多模态协同的评价方式。例如，在听力的测试评价中，教师可以预先准备好视听资源让学生在试卷上回答问题；也可以在课堂上进行对话，让学生进行梗概记录，同时调动学生的视觉、听觉系统，并且利用多模态之间的互补性来完成听力测验评价。在翻译的测试评价中，教师可以将笔译与口译结合起来，利用多媒体技术来开展同声传译的翻译练习。对于口语的测试评价而言，当前口语的测试方式主要为进行问答与话题交流两种类型，无法充分展现英语表达的多模态，而利用多模态协同能够更加准确地对学生的英语口语水平进行评价。因此，进行口语测试时要表现出语言与伴随语言的特点，充分体现语音、语调、符号在口语沟通交流过程中的应用。同时，还要展现非语言的表达，通过表情、手势、动作等与口语沟通相互配合，来对大学生的综合口语水平进行测试评价。

多模态协同下的大学英语课堂教学能够改善当前大学英语教学中学生欠缺学习积极性，课堂教师与学生之间缺乏沟通，学生与学生之间缺乏沟通的现状。在大学英语课堂教学、师生互动以及测试评价中应用多模态协同，能够提高大学英语教学质量。多模态协同在大学英语教学中的应用能够让大学英语课堂变得更加和谐，能够让学生在积极参与课堂学习的过程中强化自主学习能力。

第二节 激励教学法在大学英语教学中的应用

影响大学生英语学习效果的一个重要因素是学习动机。激励教学法将动机和激励有效结合，通过灵活运用各种激励手段和技巧，激发学生的英语学习动机，提高英语学习的积极性，从而提高英语学习的效果。

一、激励教学法的内涵

弗鲁姆认为，激励是对低层组织或个人自愿行为进行监控和控制的过程，是诱导别人按照预先设计的方案行动的行为。佐德克和布拉德认为，激励是指向特定目标行动的倾向。盖勒曼认为，激励是指为了使别人实现其预定目标，而花费时间精力去实现其目标的过程。综上所述，激励是通过激发人的内在动机和需求，朝着特定的方向和目标进行控制的过程或活动。激励的最终目的是激发人的内在动机和需求。就教育心理学而言，激励教学法是教师通过一定的手段和工具，在教学过程中，激发学生的学习兴趣和动机，让学生产生一种内在驱动力，朝着预先设计的方向和方案努力，从而提高学生的学习效果，保证教学任务的顺利完成。

二、大学英语教学中激励活动存在的问题

首先，激励教学没有得到应有的重视。目前高校教师的考核重点是完成一定工作量的教学任务。所以，大多数老师忽视了学生能力的培养，而将重点放在知识的单方面讲授上。从激励的角度来看，大多数老师只是简单地面授知识，很少关心学生学习的动机和兴趣。其实，教师顺利开展教学需要学生的积极配合，激发学生的学习动机是教师工作的重要部分。虽然有部分老师意识到了激发学生学习动机的重要性，但是仅仅关注教学技巧和方法，还没有意识到激发学生的学习动机比学习本身更重要。

其次，激励手段和工具单调片面。具体表现在以下方面：一是侧重于激励后进学生和先进学生，忽视了普通学生；二是侧重于学生的知识培养，忽视了学生的意志和情感方面的引导；三是侧重于激励学生的最终目标，忽视了学生的心理辅导；四是侧重于激励学生语言智力，忽视了其他类型的智力；五是侧重于要求学生循规蹈矩，忽视了学生自主创新能力的培养；六是侧重于教师自身的偏好，忽视了教学的一般规律。

最后，激励教学法的应用功能没有得到发挥。教师过于强调机械性的教学，而应用的育人功能缺失。激励手法片面、激励数量有限使得大学生英语学习的激励效果打了折扣。

不管是社会对教师的期望，还是学生的学习需要，教师激励手段的运用与现实需求还存在巨大差距。教师过于看重学生知识的获取，对于学生心理的引导无动于衷，学生也认为教师是知识的传授者，是学科知识的代表，久而久之，便逐渐拉开了与教师的心理距离，缺乏深入的沟通①。

三、大学英语教学的激励策略

（一）强化教师激励教学法意识

相当一部分大学英语教师认为，激励教学法的应用对象是中小学生，大学生不太适用。实际上，由于大学生的成人心理特征和语言环境，他们更需要激励。笔者曾经对大学生进行激励教学法的实验，研究结果显示，激励能在极大程度上提高大学生的英语学习积极性。该项调研将学生的总成绩分为两部分，平时成绩占20%，期末成绩占80%。通过考察英语单词和词组的记忆来激发大学生的英语学习动机，研究结果表明，大部分学生养成了晨读的习惯，这是以前没有的现象。可见，激励教学法同样能提高大学生英语学习的兴趣。英语教学活动的各个环节都离不开教师的引导和参与，所以对教师的能力提出了很高的要求，要求教师具备多方面的综合素质。调查显示，在被问及英语学习动机中什么是主要因素时，有85%的学生认为是"教师"。他们认为优秀的教师应该具备如下特质：备课认真、授课生动、教法灵活、热情幽默，能让学生参与到教学活动中，能激发学生的学习兴趣以及让学生更自信。所以，要想充分激发学生的学习兴趣，需要教师做到以下两方面：一方面认真备课，努力钻研，提高综合素质；另一方面也要培养激发学生学习动机的意识，合理运用各种手段和工具，提高激励教学法的效果。

（二）运用激励教学法应注意的问题

1. 激发学生学习的能动性和自主性

人们对命令有一种与生俱来的抵制心理，自主是人类的特性之一。学生都有自我选择的权利，不希望被强制参与不感兴趣的事情。所以，教师应该意识到这一点，给予学生足够的权利和空间，让其自主学习。《大学体验英语》体现了学生的自主性，其中的每个学习单元都让学生参与到教学活动中来。教师在使用这套教材时，应注意激发学生参与学习的热情和动力，留出充分的时间让学生自由支配。

2. 鼓励学生自我实现

学生学习动机缺乏主要是因为缺乏自信。如果屡屡失败，是很难培养学生进一步学习的兴趣的；但是，如果能时常体验成功的快乐，就会激发学生学习的信心，他们参与学习活动的热情也会逐步高涨。学生都有实现目标的愿望，正是有了这种愿望，才能使其克服

① 谷陟云. 罗杰斯的人本主义教育观及其启示 [J]. 现代教育科学，2009（10）.

重重困难，并持之以恒。肯定学生的潜能，让学生体验成功，能有效激发学生学习的兴趣和动机。所以，大学英语教师要合理地设置教学目标，让学生时常体验到成功与收获的感觉，激发学生学习的兴趣和潜能。

3. 培养大学生的归属感

对于人类而言，人生最大的痛苦在于被拒绝、被孤立。从心理角度来看，每个人都有归属于某类群体的需要。大学生都在寻找自己的位置，不管是落后生还是先进生，都需要得到别人的认同。学生学习动机不明，很大一部分原因是被拒绝和被孤立带来的恐惧。缺乏归属感会使学生产生自卑感，同时丧失学习的兴趣和热情。所以教师在教学活动中应该使用一定的策略，充分满足学生的归属感和认同感。

4. 注意方法的连贯性和系统性

大学英语教师应从整体的角度来看待教学活动，以提高学生素质、激发学生学习动机为出发点，要保持激励方法的一致性。在运用激励教学法时，要将差生激励和优等生激励、个人激励和整体激励、学生人格塑造激励和知识传授激励、错误转化激励和前进激励、外显行为激励和原动力激励结合起来，持之以恒，全方位、多角度地实施激励教学法。

5. 运用激励教学法要适度

大学英语教师在运用激励法时要把握好度。如果能适度，就能抓住学生的控制点，就会极大地激发学生学习的动机，同时也能产生良好的激励效果；相反，则会对学生的学习产生负面影响。教师如果定的目标太高，学生就会泄气，产生破罐子破摔的心理，学习的积极性也就无从谈起，同时也会影响教师的情绪；如果教师给学生定的目标太低，学生不费力就能实现，学生就会认为教师对他们不重视，也会让部分学生产生飘飘然的心理。

6. 注意公平对待学生

当前，学生比较反感的是教师对待学生非公正、非公平。学生的素质水平有好有坏，总是参差不齐的。虽然喜欢好学生是人之常情，但是，如果教师产生偏爱和偏恶，不能公正地对待学生，对部分学生的进步不加鼓励，而是熟视无睹，则会影响学生的学习热情，让其产生自卑的心理，给他们的学习生活带来一定的心理压力，对他们今后的学习成长带来负面影响。如果对部分学生一味地表扬，则会让这部分学生趋向虚荣，听不进批评，不利于其今后的发奋和自我鞭策。所以，教师在运用激励教学法时要对所有学生倾注关心，一视同仁，这样才能让学生心理平衡和心情舒畅，才会加强师生的沟通，增加师生的凝聚力，才会促进学生主动、积极、创造性地学习。

影响大学生英语学习效果的一个很重要因素是学习动机。充分激发学生英语学习的动机对提高学生的英语学习效果非常重要，正确运用激励性评价能不断激发学生学习英语的兴趣，对学生的人格培育也会有积极作用，使每个学生都走向成功。作为英语教师，在加强业务素质的同时，应做到爱护学生、尊重学生，通过灵活运用各种激励手段和技巧，激发学生的英语学习动机，使之处于积极学习状态，从而提高学生的英语学习成绩，同时也有助于学生素质的全面提升。

第三节　大学英语多元互动教学模式的应用

现如今的大学英语教学模式多种多样，随着大数据、微媒体和"互联网＋"的应用发展，英语教学不再是教师单一地给学生灌输理论知识，简单的应试教育，而是更加注重教师和学生之间的互动、学生和学生之间的互动以及互动以后的教学评价和教学效果，由此产生了多元互动的教学模式。多元互动教学模式的应用，可以有效地减少学生的语言磨蚀。

大学是我国最为重要的人才培养摇篮，大学教学模式应当具备与时俱进的理念。如今的时代是经济全球化的时代，我国社会对大学英语人才的要求逐渐提升。基于此，教育工作者应当充分认识到大学英语教学模式升级工作的重要性，要将多元互动教学模式作为大学英语教学的主要教学手段，从而提升高校学生的英语能力，让他们在今后的社会工作中占据先机，为成为契合社会主义建设工作需求的高素质人才奠定基础。

一、现今大学英语教学中存在的问题

虽然目前许多大学教学管理部门已经认识到了英语教学改革工作的重要性，但是在具体的英语教学中依旧存在诸多影响教学质量提升的问题。

（1）大学英语教学方式单一性严重。当下许多大学英语教师在进行英语教学的时候往往采用单一性的英语教学方式进行教学。所谓单一性的英语教学方式指的是在具体的教学过程中教师往往将学生置于课堂被动位置，通过"填鸭式"教学对学生进行知识灌输，学生在学习的过程中没有形成交流和互动，这种教学方式存在着极大的压抑性，大学生并不能通过这种教学方式提升自身的英语能力。此外，现今许多大学英语教师在进行英语教学的时候也忽视了学生积极性的提升，这也导致了学生英语成绩难以得到有效地提高。

（2）对于多元互动教学模式的理解不够透彻。很多大学英语教师已经认识到了自身传统英语教学方式所存在的弊端，他们也投入多元互动教学模式的推广应用中去，然而并没有取得应有的效果。多元互动教学模式是一种新颖的教学模式，需要大学英语教师在使用之前对之有深刻的理解。然而在具体的教学过程中，许多大学英语教师仅仅将多元互动教学模式作为目的而不是手段，过分滥用，导致学生在学习英语的时候陷入迷茫境地，他们的英语成绩自然难以得到有效地提升。

二、多元互动教学模式在大学英语教学中的应用手段

（一）采用契合的多元互动教学模式

（1）要注重教师和学生之间的互动。教师和学生是英语课堂两个最为重要的构成点，

因此在具体的多元互动教学中，教师要多和学生形成思维交流和知识传递，进而完善多元互动教学模式。首先，教师在进行英语教学的时候要采用提问教学的形式，通过提问等教学手段激发起学生的好奇心和求知欲。其次，教师要鼓励学生向自身提问，通过这种形式知晓学生学习过程中的优缺点，让互动进入更深层次。最后，教师要注重互动教学之后的总结工作，通过教学总结让学生将所学习的知识巩固，也为下一次教学互动打下基础。

（2）注重学生之间的互动。多元互动教学不仅体现在教师和学生之间，也应当体现在学生和学生之间[①]。因此，在具体的英语教学中，教师可以采用分组教学的形式完善互动教学，教师可以根据学生的学习能力、学习态度和学习基础将学生分成几个学习小组，然后给他们布置学习任务，让他们通过完成任务的方式进行活动。例如，让学生分组表演英语话剧、让学生分组进行英语辩论等等，通过这些活动让学生形成学习思维的撞击和学习方式的交互，这样他们的英语成绩才会得到提升。

（二）利用多元互动教学模式

所谓语言磨蚀（language attrition）是指双语或多语使用者，由于某种语言使用的减少或停止，其运用该语言的能力会随着时间的推移而出现的逐渐减退的现象。互动教学模式是让高校大学生充分接触英语的一种教学模式。在具体的教学过程中，教师可以利用多元互动让学生在课堂中多使用英语，教师可以使用全英语指导的教学模式替代传统的中文教学模式，让学生和英语的接触机会得到加强。这种教学模式不再将学生学习英语的机会禁锢在课堂教学中，学生的语言能力将会得到有效地提升。

（三）注重教学评价方式的交互性

教学评价方式是决定大学生英语学习质量的重要因素之一。因此，当下我国大学英语教师在落实多元互动教学模式的时候应当注重使用交互性的英语评价模式。在具体的评价工作中，教师要采用学生互评和师生互评相结合的形式进行教学评价，学生互评有利于学生知晓相互之间学习方式的优缺点，这样可以让所有学生一起提升自身的英语成绩。师生互评可以让教师知晓自身教学方式的优缺点，从而改变教学手段，提升教学质量。

综上所述，随着时代的发展，现今我国大学英语教师应当充分认识到多元互动教学模式的优越性。在具体的英语教学中，大学英语教师要更新自身的教学理念，要注重教师和学生之间的互动，要注重学生之间的互动，要注重教学评价的交互性，从而预防学生的语言磨蚀，不断地提升他们的英语能力。

---

① 陈爱梅.人本主义学习理论及对外语教学的启示 [J].辽宁师范大学学报，2003（03）.

第四节　大学公共英语教学中英语的应用

在大学公共英语教学中，学习能力与综合应用能力紧密联系，综合应用能力的有效培养，需要完成自主学习能力的有效培养，进而完成大学公共英语教学中英语应用能力的培养，争取促进学生综合应用能力的有效培养。并且，英语学科的实用性一直被忽视，尤其是在大学教育阶段更应该注重英语教育。随着英语教学对创新素质教育理念的不断贯彻，教育者更加关注英语教育的实用性，在教学中，着重培养学生的表达能力和阅读写作能力。

一、综合应用能力概述

在大学英语教学中，培养学生英语的应用能力非常重要，英语应用能力在综合应用能力的范畴内，在对学生英语应用能力进行培养的过程中，也能够促进学生综合应用能力的有效培养。近年来，大学英语教学改革越来越深入，不断对学生英语应用能力的培养进行强调，本节基于学生英语应用能力培养的重要性与现状提出了相应的教学建议，以期使大学英语教学的有效性得以提升。

对大学生公共英语综合应用的能力进行培养时，大多教师会从英语应用能力的培养入手，在学生有效完成学习活动的过程中培养其综合应用能力。一般情况下，大多数大学生完成学校中的学习后都会以独立而自由的个体进入社会中。因此，对于大学生的培养，除了必要的知识外，还需注重自主性、独立性、创新性等方面的培养，使学生进入社会后具备终身学习的意识与能力，以及对英语应用能力进行再提升的能力。在高校英语专业的教学中，英语应用能力指的是学生获取英语知识、将英语知识迁移到实际生活中、应用英语灵活进行交际等方面的能力。对大学生公共英语应用能力进行培养时，要求教师将学生当作教学活动开展的中心，为学生组织一系列需要针对探究、合作完成的学习活动，使学生可以参与习得知识的整个过程，在此过程中对学生综合应用能力进行有效培养，使学生可以将英语知识灵活应用到各种场合中，并不断对自身的英语水平进行提升。实际上，对英语应用能力进行培养蕴含着终身教育思想，在培养学生英语综合应用能力方面有重要意义。

二、分析大学生公共英语综合应用能力培养的现状

（一）学生在教学过程中的主体地位不够突出

现阶段，高校英语专业课程改革日渐深入，在改革过程中，不断对学生的主体性进行强调，但因班级设置、教学任务、教学模式等多个因素的影响，英语教师对教学活动进行

开展时，教师仍然是课堂的主角。另外，部分英语教师所用教学方法还比较传统，照本宣科地将英语相关理论知识灌输给学生，学生难以有效参与学习过程，这严重影响了学生英语应用能力的有效培养。

（二）所用教学模式较为传统

对于英语专业的学生来说，英语四、六级考试必须通过，而相关调查结果显示，80%以上的大学生对英语进行学习的主要目的是通过四、六级考试，这些学生一般不会主动参与教师组织的教学活动，而是对大量词汇进行背诵，并做大量的练习册。这虽然在一定意义上也属于一种综合学习的表现，但难以实现英语知识综合应用能力的有效培养。另外，尽管现阶段相关教育部门已对大学英语四、六级考试进行改革，四、六级考试越来越倾向于对学生英语综合应用能力进行考查，但从就业市场方面看来，很多用人单位仍然将四、六级成绩当作对英语专业学生的主要评价指标。受此影响，大学英语教学仍然或多或少地残留着应试教育的影子，教师过度注重学生英语理论知识的提升，在一定程度上忽视了对学生综合应用能力的培养。

（三）"学以致用"难以实现

目前，部分高校对英语教学的教材进行选择时，教材中的内容与学生实际生活还有一定脱离，英语专业的英语教学内容大多注重对学生听、说、读、写等方面的能力的培养。在这样的英语教学中，所涉及的英语大多为书面英语，与实际生活的联系性不强，应用性英语知识不多，即使不断组织英语口语的有关学习活动，使学生对英语知识进行学习，也难以实现学生综合性英语应用能力的有效提升。此外，在班级容量、教学时间等限制下，现阶段大学英语教学仍以课文的精读为主，在其中穿插少量的口语与听力练习，难以实现学生英语交际能力的有效培养①。

三、大学生公共英语综合应用能力有效培养的教学建议

（一）更新教育理念，创新教学模式

在教学实践中，教育理念直接关系教学活动的组织是否可行、有效。目前，建构主义、交际理论、人本主义理论等教育理念都已经逐渐融入英语教学中，这些理论的融入，在很大程度上促进了英语教学质量的有效提升。因此，在对英语专业学生进行英语教学时，教师应该注重教育理论的更新及教学模式的创新，将以人为本的理念融入教学活动的组织过程中，以"学习论"来对传统教学中的"教学论"进行替代，使学生可以积极地参与学习的整个过程，从而实现"以学生为中心"的教学。此外，教师还应该注重学生语言应用能力的培养，逐渐将"知识与技能传授"的英语教学模式转变为"学习能力培养"的教学模

① 王健芳.外语教学改革与实践[M].南京：南京大学出版社，2016.

式，使学生成为知识的建构者，主动对自己的英语知识结构进行建构。在具体的教学中，教师需注重教学模式的创新，为学生创建更多可以积极参与学习过程的机会，并对一些探究任务进行设置，布置给学生，要求学生以正确探究的形式完成，这样，才能够实现学生英语语言应用能力的有效培养。

（二）发挥学生主体性，实现学习能力及综合能力的有效培养

要使学生在教学过程中的主体性得到有效发挥，需从教师角色的转变入手。在传统的大学英语教学中，课堂教学最主要的内容是教师的讲授，学生对英语的学习由教师主导。而对学生英语综合应用能力进行培养的大学英语教学需将学生作为中心，需要在交互式、启发式的教学模式下进行，只有在这样的教学模式下，学生才不再是知识的被动接受者，而将变为信息的有效加工者、知识的主动建构者。在具体的教学中，教师需将小组合作、任务教学法、情景教学法等具有实践性的教学法积极引入，为学生组建一系列可以亲自参与其中的教学活动。例如，教师可积极引入小组合作的教学方法，在关于阅读与写作的教学中，教师可依据实情将学生分成不同的小组，为学生提供一些名著书目（全英文），指导学生以小组合作的形式完成阅读，共同用英语做出一篇读书报告，并推选出一名小组成员上台发言。在这个过程中，为了能够做出更为精彩的读书报告，学生势必会积极展开小组讨论，共同对书中的句子、观点进行总结，相互讨论，并共同对观点进行总结。这样，可对学生学习英语的能力进行培养。与此同时，在上台发言的过程中，学生可倾听其他小组的观点，并将自己不同的看法提出，还可对上台发言学生的英语口语、表达能力进行提升。这样，不但能够对学生学习英语的能力进行有效培养，而且能够促进学生英语综合能力、综合素质的培养。

（三）引入分层异步教学，实现因材施教

在对大学生实施英语教学时，教师需尊重学生的个体化差异，依据学生具体情况，对教学方法进行灵活转变，以实现学生的全面发展。因此，在对学生英语综合应用能力进行培养的过程中，教师需注重个性化教学的实施，对不同的学生，设置不同的学习任务、提出不同的要求，以帮助学生找到适合自己的英语学习方法，进而让学生进行有效的学习，在学习的过程中不断提升英语应用能力。对此，高校可对英语课程进行分级设置，一般为1~4级，依据学生英语水平，将学生分成不同的班级，在各个层级的班级设置不同的学习起点。同时，高校还可对语言技能、语言文化、综合英语等课程进行开设，以选修课的形式供不同的学生选择，使学生选择自己感兴趣的英语课程进行学习，以对学生英语学习的兴趣进行激发。此外，高校还应该注重网络教学的实施，设置"助学课件"供学生在网络上有效地下载并学习，让学生能够依据自己的英语水平对学习进度与重点进行把握。比如，英语基础较差的学生可以侧重于词汇、语法的学习，听力较差的学生可以反复对听力材料进行聆听，口语较差的学生可以通过影片等进行模仿练习，英语水平较高的学生对其他感

兴趣的英语材料进行选择与学习，进一步对自身英语水平进行提升。在活动中，学生可对英语语法、英语口语、语言应用等多方面的水平与能力进行提升。

（四）拓展第二课堂，实现英语应用能力的有效培养

大学生公共英语综合应用能力的培养不能局限于第一课堂，还需注重第二课堂的拓展。对此，英语教师可积极与学校团委、社团等合作，共同对英语演讲比赛、英语交流茶话会等活动进行组织，为学生提供更多用英语交流的机会，使学生的英语应用能力得到有效提升。与此同时，在组织相关学生英语活动的过程中，教师与学校都应该对参赛学生做出相应评价，教师的评价需以鼓励性语言、语气为主，使学生学习英语的信心增强，学校的评价可进行全校表彰、颁予荣誉证书、给予学分奖励等。这样，可在全校范围内形成浓厚的英语学习氛围，使学生受到感染，对英语进行学习，参与教师组织的教学活动，以及学校组织的英语竞赛、英语交流等活动，使学生英语综合能力在参与活动的过程中得到有效培养，让学生可以灵活地将英语知识应用到实际生活中，灵活应用英语与他人进行交流。

总之，在对高校英语专业学生进行英语教学时，学生英语知识综合应用能力的培养极为重要，直接关系英语专业对人才进行培养的质量。因此，相关英语教师应该不断对教育理论与教学模式进行更新，将学生英语水平的提升与可雇佣能力的培养有机结合，在培养学生良好英语学习习惯、英语学习能力的同时，对学生英语知识应用能力、综合素质等进行提升，使学生能够全面发展，培养出更为优秀的英语专业人才。

第五节　英语新闻输入在大学英语教学中的应用

教育部高等教育司发布的《大学英语课程教学要求》将大学阶段的英语教学划分为三个层次：一般要求、较高要求、更高要求，并分别就听、说、读、写、译从三个方面做了具体要求。阅读理解能力有三个层次的要求：能借助词典阅读本专业的英语教材和英文报刊，掌握中心大意，理解主要事实和有关细节；能基本读懂英语国家大众性报刊上一般题材的文章；能阅读国外英语报刊上的文章。2016 年，大学英语四级考试听力部分进行了局部调整，取消了短对话和短文听写，新增了短篇新闻听力。那么在大学英语学习过程中学生的英语新闻输入情况到底怎样？教师如何在大学英语教学中引导学生进行英语新闻的输入呢？

一、英语新闻输入问卷调查数据分析

此次问卷调查主要包括英语新闻阅读习惯、英语新闻阅读目的和效果、英语新闻阅读兴趣、英语新闻阅读途径和来源、英语新闻输入的必要性、英语新闻阅读障碍和需要的帮

助等方面。调查对象为西北大学现代学院 2016 级财务管理专业两个班的学生。此次调查共收回问卷 110 份，有效问卷 110 份，有效率为 100%。问卷共设计了 12 道题目，其中包括 11 道选择题和 1 道问答题。

（一）英语新闻阅读习惯

"你有阅读英语新闻的习惯吗？"调查结果显示有阅读英语新闻习惯的有 26 人，没有阅读英语新闻习惯的有 84 人，分别占被调查者的 24% 和 76%。由此可见，学生的英语新闻阅读习惯还需要加强[①]。

（二）英语新闻阅读目的和效果

"你阅读英语新闻的目的是什么？"调查数据表明学生阅读英语新闻的目的具有多样性，选择了解时事新闻、扩大词汇量、了解不同文化提高跨文化交际能力、完成课堂活动、为四级英语听力考试做准备的分别有 49 人、58 人、52 人、54 人和 60 人。有 55% 的学生阅读英语新闻是为四级英语听力考试做准备。"阅读英语新闻对你有哪方面的帮助？"认为只有助于了解时事新闻、扩大词汇量、了解不同文化提高跨文化交际能力、提高四级英语听力水平的分别有 4 人、6 人、2 人和 2 人，其他学生认为通过阅读英语新闻得到的帮助是多方面的。比如，认为扩大词汇量的有 86 人，认为提高四级英语听力水平的有 63 人。

（三）英语新闻阅读兴趣

"你对哪方面的英语新闻感兴趣？"调查结果显示，对政治、体育、娱乐新闻感兴趣的分别有 1 人、1 人和 6 人，其他学生对政治、经济、军事、科技、体育、娱乐新闻等方面的兴趣也是不同的，如对政治科技娱乐、经济科技娱乐感兴趣的分别有 10 人和 8 人。"在本学期的英语新闻输入活动中，你选择了哪方面的新闻报道？"据了解，学生选择的话题涵盖了各个领域，如政治、经济、文化、科技、体育、娱乐等。网络的普及和智能手机的应用使学生获取各个方面的新闻信息成为可能。

（四）英语新闻阅读途径和来源

"你主要通过哪些途径阅读英语新闻？"问卷调查结果显示有 107 名学生选择网络这一方式阅读英语新闻，占被调查者的 67%。"你经常阅读的有哪些英文报刊和网站？"有 60 名学生选择《中国日报》，占被调查者的 55%，这与课堂活动中学生获取英语新闻的来源是一致的。

---

① 孙立伟. 对数字化教学资源建设的思考 [J]. 新西部，2007（12）.

（五）英语新闻输入的必要性

"你觉得大学英语教学中英语新闻输入有必要吗？"有106名学生认为有必要，占被调查者的96%。"你觉得英语新闻输入对你有哪方面的帮助？"认为只有助于了解时事新闻、扩大词汇量、了解不同文化提高跨文化交际能力、培养阅读习惯、为四级英语听力考试做准备的分别是1人、2人、1人、1人和2人，其他学生都认为英语新闻输入可以为他们提供多方面的帮助。比如，了解时事新闻的有66人，扩大词汇量的有77人，了解不同文化提高跨文化交际能力的有65人，培养阅读习惯的有56人，为四级英语听力考试做准备的有54人。

（六）英语新闻阅读障碍和需要的帮助

"在阅读英语新闻时，你遇到了哪些障碍？"调查数据表明学生在词汇、文化背景、新闻特点等方面都存在不同程度的问题，其中有103名学生认为在词汇方面有困难，有文化背景障碍的为57人，还有27人认为由于对新闻特点不太了解造成阅读英语新闻时的障碍。"在提高英语新闻阅读能力方面，你还需要哪些方面的努力？"认为需要扩大词汇量的有103人，了解文化背景的有64人，了解英语新闻特点的有60人。

"在提高英语新闻阅读能力方面，你还需要什么样的帮助？"根据调查数据统计，65%的学生认为需要多方面的帮助，如教师的辅导、资料的获取、阅读环境的创设等，其中有78人认为需要创设阅读环境，74人认为需提供资料的获取途径，47人认为教师的辅导很重要。

二、英语新闻输入在大学英语教学中的应用

根据调查结果分析及《大学英语课程教学要求》，在大学英语教学中进行英语新闻输入是十分有必要的。首先，96%的学生认为大学英语教学中十分有必要进行英语新闻输入；阅读英语新闻有助于学生了解时事新闻、扩大词汇量、了解不同文化、提高跨文化交际能力、提高四级英语听力水平等。其次，学生在阅读英语新闻时会遇到不同的障碍并需要相应的帮助，教师在大学英语教学中对英语新闻特点等进行相应的讲解有助于学生更好地理解新闻内容，进而培养学生阅读英语新闻的习惯。最后，新闻涵盖各个方面，如政治、经济、军事、科技、体育、娱乐等，阅读英语新闻既能满足学生的不同需求和兴趣，又能拓宽学生的视野，提高学生的跨文化交际能力。

（一）课堂活动设计

由调查数据可知，76%的学生没有阅读英语新闻的习惯，所以在大学英语课堂教学中增加英语新闻输入可以使学生由最初的"被动"阅读转变为"主动"阅读，进而营造班级

良好的英语新闻阅读氛围。在大学英语教学中，教师和学生可以将自己感兴趣或热议的新闻话题分享给班级同学进行讨论，教师应根据课程内容安排学生阅读相关英语新闻并进行总结和阐述。这一活动不仅能够活跃课堂气氛，还能够增强学生阅读英语新闻的意识，并加强英语新闻的输入。

（二）教师的指导

在进行英语新闻阅读时，学生会遇到不同的障碍，尤其是英语新闻词汇的特点给学生造成了很大的困扰，这就需要教师及时给予指导和帮助。

为了提高学生阅读英语新闻的能力，使其更好地理解报道内容，教师对英语新闻标题的语法特征进行讲解也有一定的必要性。以《中国日报》中某些新闻标题为例，时态的使用：英语新闻标题中一般现在时的使用给读者一种"及时性"的感觉。

对英语新闻结构的了解有助于学生在阅读时把握重点，分清主次。倒金字塔结构是英语新闻写作中常用的一种结构，即按照重要性递减的顺序组织新闻内容。以《中国日报》中的一篇报道为例：Xi vows non-stop effort in reform，opening up. 在新闻的第一段，即导语部分就说明了人物、时间、事件等关键信息：Chinese President Xi Jinping on Wednesday promised non-stop effort in reform and opening up and commitment to an open economy. 了解新闻结构的特点有助于学生理解整篇报道的内容，能够提高学生阅读英语新闻的自信心和效率。

《大学英语课程教学要求》对学生阅读英语新闻能力做了相关的规定，而问卷调查却发现大部分学生没有阅读英语新闻的习惯。那么在大学英语教学中进行英语新闻输入就成为培养学生阅读习惯的关键组成部分。网络及智能手机的广泛应用使学生能够更方便地获取英语新闻材料，如人民网、新华网、国际在线、美国有线电视新闻网络、《中国日报》、VOA英语听力、流利阅读等；学校也可在图书馆报刊阅览室提供纸质的英语新闻资料供学生阅读。通过课堂活动及教师的指导，相信学生能够克服障碍进行英语新闻阅读，并形成良好的阅读习惯。虽然问卷调查在广度和深度上仍有待提升，却在一定程度上反映了独立学院非英语专业学生阅读英语新闻的情况，并对大学英语教学有一定的启示。

第六节　启发式教学在大学英语教学中的应用

当今社会对于大学生外语水平的要求越来越高，因此教师应该采用启发式教学，让学生重拾对英语学习的热情，提高学生的综合能力。本节将列举一些启发式教学法在大学英语教学中的应用，阐述启发式教学在大学英语教学中的意义。

当今社会对于大学生英语水平的要求越来越高，大学英语应该注重全面提升大学生的英语综合运用能力，增强学生的人文素养，培养具有国际视野的人才，能够适应时代的发展，实现工具性和人文性的统一。然而当今很多大学生都将大学英语"边缘化"，依旧认为只有学好那些理工科的课程才是硬道理，往往不会花时间去学习英语，所以他们的英语语言使用能力较弱，流利性不够，思维缺乏深度。因此，大学英语教师应该有针对性地提高学生的综合能力，培养他们的学习兴趣。

一、启发式教学的内涵

启发式教学指的并不是一种单纯的教学方法，而是一种教学理念和思想。教育部对于启发式教学的定义为：启发式教学发挥作用的手段是任课教师根据教学基本的内在规律在教学过程中持续有效地激发学生学习新知识的欲望，目的是引导学生的思维活动一直处于主动的状态之中，进而有效保持受教育者学习新知识的主动性和参与课堂的积极性。布鲁纳认为，学习者不是被动地去接受知识，而应该主动地获取知识。因此作为大学英语教师，应该充分认识到每个学生的重要性，尊重学生，了解学生的心理，努力去营造一个轻松和谐的学习氛围。

二、启发式教学的应用

（一）创设情境

教师在授课的时候，可以通过课前导入把学生带入课文的情境中，也可以在讲授的过程之中，根据课文内容创设情境，使学生能够更好地理解作者的意图。

例如，在讲授《新视野大学英语》第三版第二册第七单元的 Text A，《When honesty disappears》时，笔者就运用了这种方法启发学生思考。在导入过程中，笔者给学生展示了几张情境图片，第一张是两件夹克衫，并向学生提问，"If your friend has bought a jacket which you think is very ugly，and he asks you about your opinion，what will you say? Will you say directly that it is ugly? Or will you say that is looks just so-so? Or…"第二张图片的情境是如果学生没有按时完成作业，他们会怎么做？通过创设与学生生活息息相关的情境，启发学生思考自己身边的诚信现象，反思当今社会的诚信问题，从而对本节的内容产生更大的共鸣，不仅能够提高学生学习本节的兴趣，还能够让他们对文章有更深刻的理解。

又如，在讲授《新视野大学英语》第三版第四册第一课的《Love and logic》时，当讲到两个人第一次约会的情形的时候，暂时先放下课文内容，向学生提问，"If you date a girl for the first time，what will you do and what will you say?"启发学生进入情境，想象如果自己是叙述者，会怎样做，然后再与作者的行为做对比，从而启发学生分析出作者的内心状态。

英语教师在使用启发式教学给学生创设情境的时候，教师需要充分了解学生，了解他们的心理和生活状态，然后创造合适的情境，使他们能够真切地进入情境中，从而启发他们认真深入地思考问题，对所学的内容有更深刻的理解，跳出课本的圈圈，有自己的批判性思维 ①。

（二）激发兴趣

平庸的老师只是讲授知识，好的老师会给学生解释知识，优秀的老师会给学生演示知识，而真正伟大的老师则会激发学生的学习兴趣，启迪学生自主学习。兴趣永远是学生最好的老师。没有兴趣的学习，只能是机械的考试工具，而且很容易学过就忘记了，难以产生长期的效果。因此教师需要帮助学生激发他们的学习兴趣，使他们从被动地接受知识变成真正地想要去学习，提高他们探索未知的能力。在教学过程中，教师可以利用学生的求知欲，在讲课过程中设置难度适当的悬念，启发学生主动去探索知识，可以利用学生对新鲜事物的好奇心，设置趣味性问题，启发学生主动去获取知识。

比如，在讲授《新视野大学英语》第二册第三单元，《The Odyssey Years》（奥德赛岁月）时，先给学生播放奥德赛的视频，让学生了解奥德赛的内容，启发学生根据奥德赛的内容来思考，奥德赛岁月指的应该是一段什么样的岁月，从而引导学生探索文章，理解奥德赛岁月的内涵。

这样不仅能使学生自发地去学习文章中出现的生词和短语，从而扩大自己的词汇量，更重要的是能使学生对奥德赛岁月有更深刻的理解，这样在他们今后遭遇到奥德赛岁月的时候，能够认清现实，更好地看清事情的本质，找到自己应该做的事情，不至于迷失自我。

教师通过刺激学生的学习兴趣，能够调动学生主动学习的内在动力，提高学生的学习能力，同时也能够启发学生的思维，加深学生的印象，让学生能够对所学的知识受益终身。

（三）讨论启发

所谓的讨论启发，就是在教学过程中，将学生分组，设置一定的开放性问题，引导学生在组内大胆表达自己的想法，碰撞彼此的思想，分享经验，相互交流，积极地参与到课堂中。

通过讨论法启发学生学习，教师需要将学生要讨论的内容说清楚、讲明白，使学生带着明确的目的相互讨论。在讨论的过程中，教师不仅要监督学生确保他们是在用英文讨论，还要给予相应的启发和帮助，扫清他们的基本障碍。讨论法的使用充分发挥了学生的主体作用，弱化了"教与学"的上下级关系，通过学生之间的交流，互相促进，不仅有助于构建一个活泼和谐的课堂气氛，还能够提高学生学习的动力，使他们能够自然地掌握知识和能力，将所学到的东西内化于心。

例如，在讲授《新视野大学英语》第四册第一单元的课文《Love and logic：the story of a fallacy》时，对于 fallacy（谬误）的探讨，笔者首先根据 fallacy 的定义，给学生解释什么是谬误，然后举出两个生活中常见的谬误的例子，之后将学生分组，每组四五个人，

① 杜振华.英语资源服务器及网络语音室的安全管理与实践 [J].中国科教创新导刊，2008（01）.

让学生在组内进行讨论，举出更多的生活中出现的谬误，最后每组派出一个代表给大家做汇报，全程用英文。在学生进行讨论的时候，笔者会在学生中间走动，适时提供一些帮助。最后在讨论法的启发下，学生之间彼此交流，思想相互碰撞，研讨出很多很棒的例子，比如有的组举出 "regional discrimination，for example，people tend to think Sichuan and Chongqing people always eat spicy food and Henan people steal Jing Gai（井盖）." "The textbooks appropriate for Tsinghua students may not be suitable for us to study." 对于学生出现的一些语法错误及生词，笔者及时给予了改正和帮助。由此，学生不仅提高了自己的英语表达能力，更重要的是更加清楚了 fallacy 的含义，并且能够在今后的生活中有一双慧眼，能够去发现通常被人们所忽视的谬误，更加理性地去看待事物。

（四）开放式作业

课后练习是教学中的一个重要环节，学生需要在课后花费一定的时间和精力去巩固知识，拓展知识面。启发式教学要求教师不应拘泥于传统的教学思想，课后让学生背单词、做题，而是应该采取更多样性的活动，让学生对课后作业不那么反感。教师可采用一些合作式作业、实践性较强的作业等让学生去完成，避免学生认为学英语知识是机械化的记忆。

例如，《新视野大学英语》第二册第一单元《难忘的一课》一文主要表达的是学生学不好英语的原因不仅仅在于学生自身，更在于他所处的环境及老师的教学方法等，文中举出了一些日常生活中所出现的简单低级的单词错误、语法错误等。针对这一点，教师可让学生在课后搜集我们生活中常见的一些翻译错误，这样不仅能提高学生的英语水平，还能够培养学生平时注意观察生活的习惯，成为一个细心的人。又如，在大学英语第二册第四单元《College sweetheart》一课中主要讲述的是作者在大学时期甜蜜的爱情故事，笔者在布置课后作业的时候就让学生以小组为单位，每组自编自演一个十分钟左右的英文爱情短剧，让每个学生都参与到创作中，收到了很好的教学反响。

又如，在《新视野大学英语》第一册第六单元《To work or not to work》一课中，作者列举了当今美国大学生关于是否在读书期间选择兼职工作这一问题上的选择及其原因，简单分析了美国大学生的生活现状。根据这一内容，笔者启发自己的学生分组在课下采用问卷等方式对自己身边的中国大学生关于是否兼职这一问题做出调查，并形成一个系统的调查报告。虽然最后学生做出来的报告相对粗糙，但这也在一定程度上提高了他们的英语思维能力。

三、启发式教学的意义

启发式教学打破了传统教学中单纯的教与学的模式，教师不再是课堂上的"独唱者"，而是形成了以学生为主体的教学模式。启发式教学能够让学生产生对英语的学习兴趣，从而促进学生主动获取知识的欲望。此外，通过启发式教学，还能够提高学生自主学习的能力、创新能力及科研学术能力，培养学生的批判性思维。

第七节　大学英语教学中 PBL 教学模式的应用

PBL 教学模式提倡学生要在真实的情景中有效解决各种现实问题，在解决问题中利用新旧知识的彼此作用，积极完成个人知识体系的架构，得到知识与能力的提升。在大学英语教学中应用 PBL 教学模式，要根据教学内容进行项目设计，优化教学资源，让学生在实践体验、内在吸收、探究创新中得到相对完善、具体的课程知识，构成专项技能，有效提高他们的综合素养和能力。

PBL 教学模式最早是被运用在我国各大高校的理工专业课程中。PBL 当中的项目不只是理工类专业的探究模式，也可运用在英语教育研究上，当前对大学英语听力、口语、阅读及写作等能力项目类实证探究结果证明，完全可以将 PBL 教学模式运用到大学英语日常教学的各方面。

一、PBL 教学模式的内涵

PBL 最早来自美国，主要是以杜威提出的实用主义教学思想为基础理论，提倡学生要在真实的情景中有效解决各种现实问题，在解决问题中利用新旧知识的彼此作用，积极完成个人知识体系的架构，得到知识与能力的提升。PBL 当中的项目是管理科目中 "project" 在教育领域的拓展及运用，项目是以特殊而彼此相连的任务为基础，合理运用资源，为实现一个既定的目标付出努力。项目是为创造某种产品及服务的一种有时间限制的任务[①]。

二、大学英语教学中应用 PBL 教学模式的作用

（一）有助于提高学生的自主学习意识和能力

学生根据小组成员之间的协作，来解决学习中遇到的各种难题，在项目实践中和组内成员相互交流和沟通，深入探究解决难题的有效方法。学生作为主体加入整个项目当中，充分发挥了主观能动性、协作性及创新性，有效提高了他们的学习效率，同时也提升了自主学习意识和能力。

（二）有助于提升学生的语言综合运用能力

提高学生英语综合运用能力是大学英语教学的核心目标。在以往课堂教学中，学生始终处于被动学习的状态，缺少语言实践的锻炼。依托英语项目进行学习，以有效解决学生

---

① 李建萍.分级教学背景下大学生英语词汇学习策略的调查和分析 [J]. 黄山学院学报，2009（08）：99.

在学习中遇到的各种英语难题为重点，在实践活动和作品制作中，通过和组内成员进行探讨、交流与协作，能够更好地促进学生的语言实践运用。利用项目实践，学生不仅感受到了真实情景，同时自身语言实践运用能力也有了明显的提升。

三、当前大学英语教学中存在的主要问题

（一）教学目标不清晰

2015 年，教育部、国家发展改革委、财政部联合发布了《关于引领部分地方普通本科高校向应用型转变的指导意见》，其中明确提出了各大高校应努力向应用型高校转变。当前，许多院校专业人才培养目标尚未明确，直接影响了大学英语课程设定的合理性，导致课程设定过于注重人文性，教师在实际教学中错误地将大学英语教学视为人文素质教学。但在全球经济一体化的进程中，作为世界通用语言，英语自身的工具性特征越发明显，并且在"一带一路"倡议的引导和落实下，单方面的英语人才早已无法满足社会发展的现实需要，综合应用型人才的培养才是当前大学英语教学的首要任务。通过对社会企业及广大学生个人的英语学习需求调研，现阶段用人企业最需要的是专业能力较强、英语水平较高的人才。

（二）师资力量不雄厚

虽然当前许多院校英语教师的招聘条件都是以硕士研究生为基础，但从英语师资团队的结构来看，其中有部分本科生，拥有英语专业硕士学位的教师却寥寥无几，由此能够看出，当前各大院校中大学英语教师能力存在明显差异。教师个人的教学能力不足成为影响学生学习积极性的主要因素，阻碍了大学英语教学质量的提升。此外，基于当前各大院校大学英语教学现实状况，大部分院校都采取的是大班教学制度，也就是每个班级学生人数在 40~60 人之间。这就导致在这种大班教学过程中，教师成为主导，占据了课堂的核心位置，通常情况下都是教师向学生讲解各种知识，教师和学生间缺少互动。各大院校在校学生人数众多，大学英语师资团队力量明显不足，从而导致每位教师日常工作量不断增加。长此以往，会严重影响教师的工作积极性，让他们一直处于疲乏的状态，最终影响教学实效。

（三）学生积极性不高

目前，各大院校纷纷开始扩招，不同批次的学生和各个地区间的教学水平均有着较大的差异，这就直接导致院校所招生源的英语能力参差不齐。在大部分院校中，大学英语教学时间通常设置为三年，但从当前广大学生参与大学英语全国等级考试的具体分数来看，大多数学生对许多基础性的单词都不了解，词汇量远远没有达到四、六级英语考试的基本要求。与此同时，许多学生对于大学英语课程产生了一种厌烦感，这主要是因为他们从学

习英语起就处在考试的巨大压力下，部分学生只是为了应付高考。因此，长时间这样的心理情绪，导致他们缺少英语学习的积极性，在进入大学后，也无法提高对英语的学习兴趣。

四、大学英语教学中 PBL 教学模式的实践应用

（一）项目设计

PBL 教学模式在大学英语教学中的有效应用，要以英语课堂教学策划为重点内容，这种策划应结合教学内容来设计具体的项目。在对教学纲要、教学目标等进行全面了解的基础上，深入研究教材，探索教学内容及各个单元的不同主题，这是开展 PBL 教学的重要条件。在项目主题选择方面，教师应充当指导员的角色，要保障学生的项目主题选择可以与课程教学目标相互契合，并具有一定的研究价值。教师要基于传统学科内容，细致地设计项目，确保项目的实践操作性；同时还要考虑课程内容的整合与学生经验的联系，以及理论和实践的相互结合等，只有这样才能实现提高学生综合能力的终极目标。此外，教师要依据教学内容与教学目标科学引进 PBL 教学模式，将项目有效划分成不同的子项目，为学生详细介绍总体项目、子项目及不同任务间的关系及内在结构，让他们对项目有所了解和掌握。而对于学生来说，应意识到利用项目的学习、策划与实践能够锻炼个人哪种能力，具备哪些职业素养，以此来促进学生更好地完成项目计划及实践等方面的准备工作。

（二）学生分组

对班级学生实施合理分组，以小组为基础单位开展分工协作，完成不同子项目任务是大学英语 PBL 教学实践的基本模式。合理的分组首先应明确组内成员的人数，将其控制在 4~6 名学生之间，同时还要注重男女学生的比例。其次要考虑组内成员之间学习能力、专业基础、水平差异等。最后就是要考虑学生的学习积极性、性格特征与协作精神的充分发挥等。组内成员之间需要彼此帮助、分工合作、及时探讨、共同努力完成项目任务。可以说，每个小组都是优势互补的团队，也是协作探究、集思广益的集体。

（三）创建情景

按照项目主题，教师运用现代化多媒体技术等相关有效的教学辅助工具创建项目任务情景，营造学生探究性的学习环境。这种环境应是真实的职场环境，比如运用现实生活中的情景开展实践体验，也可通过网络信息技术创建一种虚拟性仿真职场环境，如事先制定合理目标、虚拟身份、虚构情景、依靠想象、合理联想。学生在指定的情景下，单独或是在他人的帮助下彼此合作，运用代表工作任务项目的有效载体，逐渐锻炼自身的单独工作能力，提高创新意识，切实激发广大学生的学习兴趣。

（四）项目探究

大学英语课堂教学当中教学项目的引入、有关知识铺垫、制订项目计划、进行项目任务、呈现项目成果、评价反馈等各个环节都是项目探究的重要步骤。制订项目计划与开展项目通常以小组协作方式为主，在教师的引导下学生对项目展开深入探究，设计并开展项目研究活动。教师要全面掌握和有效调整项目任务的实施，充分了解各个小组的具体学习进度，强化自主学习方法的指导。

对于小组内部来说，学生对教师设定的项目展开分析，对任务重新分解，按照组内成员基本特点，合理划分每个成员的任务并构建任务顺利完成的详细方案。学生可以通过自主学习、小组内部探讨、讨论切磋、方法交流、彼此借鉴等有效路径，来保障项目任务的顺利完成。在这一过程中，教师充当的是导演的角色，而每个小组则相当于分工合作的小单位，有专门负责化妆的，有专门负责灯光的，有专门负责场地布置的，也有专门负责台词分配的。比如，英语话剧演出的项目，每个小组都有自身的任务，他们要共同协作确保话剧的演出成功。首先，小组内部成员需要了解剧本，合理分配各个角色。其次，基于具体角色探讨台词及表演方法。最后，角色对接与场景切换技巧等，要在实际演出中把控方向、优化细节，让每个小组成员的进步规划都能保持一致。这一过程是合作交流的过程，同时也是英语学习实践体验的过程，更是激发学生学习兴趣和潜能的过程。

（五）成果展示

学生在课堂学习过程中及学习结束后，展示个人与小组的具体学习成果，这其中包括个人学习的表现，也包括小组内部合作结果的呈现。每个小组在阐述完成果以后，教师可将各个小组的成果进行对比，与学生共同探讨每个成果的优点和缺点，以此来加深学生对所学内容的印象，引导他们进行归纳和总结，进而提高项目成果的整体质量。

项目评价体制既包括项目完成状态的评估与审核，同时还包括对学生参与热情、项目进展速度、学生学习态度、项目任务的分析方法、个人水平提升、团队合作能力等多个方面的总体评价。教师可结合提前制定的评价指标实施阶段性的考核，这是对广大学生形成性项目评测的参与热情、执行效率、现实效果、创新程度的一个关键性过程评价。通常情况下，对于项目成果的展现形式主要有书面协作表达及表演艺术呈现两种。结果评价包括小组内部评价、各组相互评价及教师评价。过程审核与检测先让学生进行自我评价，然后再让其他各组评价，彼此相互探讨优缺点与项目实践中存在的各种问题，最后由教师和班级所有学生对项目得分展开考核的总结性评价。实际上这样的评价互动过程，也是对项目成果的反思和总结，有利于帮助学生及时发现不足，促进他们学习进步。

（六）成果推广

在大学英语日常教学中，对于阅读训练这一环节，就可利用小组评选竞争的形式进行，首先是小组内部成员分别阅读；其次是小组全体成员针对共同的难题进行深入的探索和认知；最后是分析疑难问题，协同给出最终答案。比如，若是阅读内容为完整的故事，故事当中含有相关动作的描述，那么学生就可以在阅读过程中有针对性地标出具体动词，并将其作为线索来探究故事情节的发展。在项目成果呈现及结果评价当中，每个小组之间一定会存在某种程度的差异；对此，在分析原因和阐述答案当中，就需要为其他同学介绍自己所在小组成员运用的方法和问题解答步骤。

PBL 教学模式根据教学内容进行项目设计，不仅可以优化教学资源，同时还能让学生在实践体验、内在吸收、探究创新中得到相对完善而具体的课程知识，构成专项技能，有效提高他们的综合素养和能力。PBL 教学模式应用在大学英语教学中，可以更好地锻炼学生的语言能力，培养学生的集体合作精神。既有利于学生英语成绩的提升，也有助于大学英语教学实效性的增强。

第八节　混合式教学模式在大学英语教学中的应用

混合式教学模式在数字化迅猛发展的时代背景下应运而生，从而实现传统教学和多媒体教学、单一式教学和多元化教学、自主学习和合作学习等的结合。本节主要分析混合式教学模式的理论基础，并对其在大学英语教学实践中的应用形式进行分类说明。最后，针对问题提出一些建议，以便使混合式教学模式在大学英语教学中更有效地运用。

随着经济全球化的迅猛发展，移动互联网和数字信息化技术雨后春笋般遍地开花，在各行各业掀起了革命性的浪潮。在大学英语课堂上，传统的英语教学模式的劣势日益显露，无论是在教学形式还是评价方式上都无法满足时代和教学的需求，迫切需要更加新型的教学模式。于是以信息技术为背景的"混合式教学模式"应运而生，它充分利用网络、多媒体等线上丰富资源的优势，充分结合线下传统的面授课程优势，两者相互补充、相互促进，使教与学的过程达到链接"线上"和"线下"的最佳效果。在教学的同时，还要注意学生的独特性和差异性，有针对性地实施教学。它是英语教学的一种新途径或者方法，在近几年广受好评。

一、混合式教学的理论基础

"混合式教学"这一教育术语一开始是由库尼在 2000 年提出来。国内外教育研究者对混合式教学模式有着非常不同的理解。最早的时候，混合式教学被很多人视为一种学习方法或思想，后来逐渐被看作是一种教学模式，它开始在大学英语教学中实施，并开始被探索或研究。它的理论基础主要包含以下三个方面：建构主义学习理论、人本主义学习理论、掌握学习理论。

（一）建构主义学习理论

布鲁纳的建构主义学习理论认为学生作为学习的主人，不能机械地等待教师灌输知识，而要主动去探索和发现知识里蕴藏的秘密，以及大胆地去尝试验证自己的所想所思。在整个学习过程中要保持一颗谦虚谨慎之心和积极之心，不断去探索未学知识或所学知识并创造新的知识。混合式教学模式有效地结合了在线教学和传统教学的优势，相互融合、相互容忍和相互促进，使学习者逐渐从浅层学习进入深度学习。

（二）人本主义学习理论

人本主义学习理论与"以学生为中心"的教学理念有很多相似之处，它倡导学生作为课堂的主人，应充分尊重他们、鼓励他们、帮助他们等，让其不仅要学会学习，还要学会做人。在整个学习过程中不断尝试、持续改进，不断反映活动是知识积累的过程。在混合式教学模式中，教师作为"推动者"的任务不是纯粹教授知识，或者让学生为考试服务，而是要指导学生通过各种方式或方法更有效地学习，达到事半功倍的效果，即通过一半的努力实现两倍的效果。人本主义学习理论主张自我实现和为学生提供合适的学习方法和环境的理念，为混合式教学打下了不可攻破的基石地位。在混合式教学模式中，我们把信息技术融入各个方面，在努力实现教育技术支撑效应的同时发挥学生的主人翁地位。

（三）掌握学习理论

掌握学习理论是一种学习理念，集体教学中有应用，个别化教学中也有涉及，并且可以在集体教学的基础上进行个别化教学。其代表人物布鲁姆认为，学生在进行学习活动的时候，不断积累知识，并且主动地学会建构知识框架，学会系统学习，这种认知结构越充分，越有利于学习积极性的发挥。混合式教学模式强调充分激发和丰富学生的认知结构，通过一定的教学指导和足够的学习时间让学习者搜索相关资料来扩充知识容量和筛选有效信息，实现自主式学习和引领式学习相互搭配[①]。因此，混合式教学模式是在不断发展和提高学习理论的基础之上的。

二、大学英语教学中的混合式教学

在大学英语课堂中，混合式教学模式体现了"四位一体"的理念，即教师、学生、教材、教学媒体紧紧联系在一起，不可分割，发挥不可忽视的作用，强调学生的主导地位和教师的指导地位，其形式主要表现在以下几个方面：

（一）教学工具的混合式使用

很多大学老师选择在自己的教学实践中采用两个及以上的在线平台来辅助教学，有学

---

① 汤闻励. 非英语专业大学生英语学习"动机缺失"研究分析 [J]. 外语研究，2012（01）：70-75.

科网 QQ 群或微信群、超级明星学习、蓝墨云班等，通过这些平台使老师更方便地发布一些与教学相关的内容，帮助学生实现自由、自主学习。在学习过程中遇到任何问题可以及时和老师取得沟通，和更多的伙伴互相讨论及搜索相关资料，这在扩充教学资源的同时大大地改善了教学效率，提高了学生学习的积极性等。学生主要通过自学有关材料、观看指定视频、讨论相应问题等形式实现知识的汲取，最终则通过教师答疑解惑、作业研讨、成果汇报等形式来内化和消化知识。

（二）教学设计的混合式过渡

混合式教学模式主要围绕大学英语教学任务进行，任务分为三个部分：课前、课中和课后。课前任务是鼓励学生基于学习任务自主搜寻相关资料或者浏览老师所发布的课前资源为上课做好充足准备；在课堂上，学生被邀请展示他们的课前准备，并且演讲可以多样化，也可以是单一的，主要是为了达到分享学习资料和培养学生自我学习意识的目的。在展示后，学生进行互相评价，然后老师可通过观看相关教学资源或者课堂陈述的方式针对一些难点、易错点提供一些建议及总结。课后主要是在学习完规定课程后通过实践活动来拓展知识视域和丰富学习经验，同时老师也会对学生进行差异分析并统计相关学习情况，从而有针对性和效率性地实施教学。

（三）教学评价的混合式呈现

大学英语混合式教学模式有效地结合了过程性评价和终结性评价两种方法。在线上，老师主要通过一些在线平台，准确了解学生的在线学习时间、学习进度、学习内容、学习困难等情况；在线下，学生参与课堂学习的活动是受老师监督或观察的，其课堂参与度即是评价方式中的一项参考内容，主要是为了更好地贯彻"以学生为中心"的教学理念。过去用期末考试来"定生死"的评价方式早已被淘汰，多元化评价方式或者混合式评价方式正在不断地发挥其积极作用。

三、现存问题及建议

（一）现存问题

首先，对于大学英语学习者而言，混合式教学模式主要应用于大学英语通用课型中，在其他课型中的应用不明显，具有一定的局限性；其次，搜索教学资源方式的多元化使教学内容庞杂，学习任务加重，且对学生的学习能力和整合能力要求很高，对于数据或者相关资料不是简单地罗列，而是变为自己的东西；最后，正是因为学习要求变高，学生学习的积极性和参与度会在一定程度上有所下降，学习效率并不是最佳。而且很大一部分学生主要依靠互联网来答疑解惑，逐渐形成封闭式性格，自我批判和反思能力下滑，缺乏考试能力，相应的教学目标也不能很好地实现。对于大学英语教师来说，这种教学模式需要更高水平的能力，不仅要具备较强的专业知识，还要具备较强的计算机操作能力、资源整合能力、课堂控制能力等。还需要老师有效结合学生英语学习的实际情况为其提供更加有效的学习指导，通过科技化手段来解答学生的部分学习问题，逐步提高学生的学习积极性，每一步都是一项挑战。

（二）建议

第一，紧扣课标，合理规划教学内容。混合式教学模式深受大学老师的青睐，能在某种程度上提高学生的学习兴趣和学习投入度。但其教学资源的多样化使学生眼花缭乱，感受到需要接受的东西很多很庞杂，一片茫然。这就需要老师和学生采取合理的方法来删减部分内容，取其精华，去其糟粕，从而根据课标对纷繁复杂的教学材料进行合理整合，合理规划，实现有效教学，从而完成相应的教学目标。

第二，注重实际，明确教学目标。在大学英语教学实践中，实践应用能力受到高度重视。因此在课堂教学中会出现学生自己给自己讲课的教学方式。同学之间、师生之间也会进行相互评价、相互讨论，从而提出改进方案。在这个过程中老师和学生一定要始终围绕教学目标展开各个教学活动，实践能力培养和理论学习要并重，使学生努力成为全面发展的学习者。

第三，呼吁真实，逐步改善师生互动。由于混合式教学模式的发展，高校里的大部分学生主要依靠网络来进行学习活动，如搜索资料和进行探讨等，这使得师生之间的积极互动活动有所减少。老师需要与学生积极主动沟通，除了要关注学生在课堂上的表现情况，还要在课前和课后及时与学生联系，获取学生的学习反馈，从而进行相应的学习指导；学生在课堂之外要主动大胆地提出质疑，积极和老师探讨交流等。

第四，鼓励创新，积极引导批判性思维。混合式教学模式要求在线学习和线下学习相结合，以更好地提高教学质量，激发学生的学习兴趣。但部分学生只注重搜索或收集资料，过于依赖网络和同伴分享资源，其批判性思维能力有所下降。这就要求老师在学生学习过程中给予有效恰当的指导，鼓励其进行创新活动，发扬个性等。

基于新媒体视角下的混合式教学模式在大学英语教学中的作用不容忽视，它不仅可以提高大学英语教学质量，还可以有效地提高学生的自学能力，这是一种呼应要求的教学模式。但在具体教学实践中仍然有很多问题需要引起关注，不断改进，使其更有效地发挥积极作用。

第九节　应用型大学英语课程实践项目教学的开发与应用

应用型大学以培养专业人才，提升人才应用能力为人才培育的目标。其与科研优先的高校存在本质上的区别。因此在应用型大学中，其课程体系便不能完全以理论课程为主。本节针对这一点，以大学英语课程为主，深入分析大学英语课程实践项目教学的开发与应用。首先阐述开发思路和具体的应用进程，后又根据应用效果简单分析实践项目教学的优势及改良途径。希望文中内容可对高校英语教育人员起到一定的理论辅助作用。

社会若想平稳地运行和发展，就需要具有不同能力的人才加入社会运行结构中，这也是国家范围内产生应用型大学的根本原因。与其他应用类学校相比，本科大学的师资力量及教学素材都要更具教育价值。但对于一个大学而言，无论是师资力量抑或是教学资源都只能在可发挥其完全作用的状态下方能妥善应用。如若高校未能使用正确的教育方式，学生便无法感受到高质量教学力量的推动性作用。故针对于此，国内多家以应用型为教学目标的高校便逐渐将课程建构视角放到了实践项目教学中，而本节以大学英语为核心展开开发与应用的研究，从理论上看，该方向具备切实的研究价值。

一、项目教学法的概念及其特征阐述

（一）概念分析

项目教学法是一种以学生为主的教学方法，该方法需要教师设定项目活动内容，学生按照惯用的行动标准开展自主学习活动。一切学习方式及详细进程均以达成目标为主，注重培养学生的动手能力、自主能力、逻辑思维能力及专业能力。对于高校英语专业的学生而言，他们在未来需要直接面对全英文的交流场所，或跨文化或为商贸实践，每一项都带有特殊难度。而项目教学法可通过模拟情境提前锻炼学生的英文对应能力。因此在高校环境中应用项目教学法不但可以提升学生的参与主动性，亦可提升学生的英语实践能力，减少学生从接触社会到适应社会的时间输出。

（二）特征阐述

项目教学法具有四点特征：其一为高度仿真。学生若想要保证项目可在预期内执行，便需要布置相对仿真的场景及教具。其二为教学相容。教师并未完全脱离课堂，学生开展项目进程时，教师也可以引导学生通过实践打磨自身的理论能力，基本不会造成实践脱离理论实际的现象。其三为自主性强。学生需要以自身的思想和行为逻辑为主导进行活动，且自主行为具有强制性，学生无法选择教师辅导模式，即使个人能力有限也必须切实参与到课程中。其四为合作优先。多数实践类项目都不会设置成单人任务，因此学生必须要在完成教学任务的进程中组成活动团队，这一特征也具有强制性[①]。

---

① 李艳，韩文静 . 孔子因材施教的教育思想简述 [J]. 吉林教育学院学报，2008（04）：39.

二、应用型大学英语课程实践项目教学的开发研究

（一）实践项目教学的基础开发结构分析

1. 设定主题

设定主题的第一步即为选定英语教材，一般而言高校都应选择综合类英语教材作为核心。但因各个高校的开发思想存在一定的差异性，故其他高校可以按照自身的培养意愿来选择不同类别的教材。例如，口语教材、写作教材也都可以通过各种形式被"项目教学化"。本节将以高校英语专业内通用的综合英语类教材为主进行开发研究。本次实践项目教学的主题分为三个部分：其一是以留学为主的留学面试或就业面试，具有一定的官方特征及专业特性。其二是以本专业内的实际工作活动为主，重点在于真实和贴近就业实际。其三是以跨文化交流为主。该形式具有一定的自由度，情境被设定为"偶然"和"偶遇"，评价标准可适度偏口语化。

2. 完善目标

首先，第一实践项目具有真实特征，即高校学生在完成学业后，必然会经历这一实践项目。因此该项目除了具有提升学生英语专业实践能力的作用外，还可以锻炼学生的就业对应能力。高校内许多学生都对就业面试有一定的恐惧或抗拒情绪。当教师可利用课堂为学生提供仿真模拟空间时，学生的能力就可以在相对稳定和安全的场所得到锻炼。其次，第二实践项目则完全以培养学生的英语实践能力为主。同时只要教师能够为学生设定特定的约束条件，如要求学生以某种语境进行对话或格外注重礼貌时，学生的综合实践能力便能够被稳定培养。最后，第三实践项目的作用即为培养学生的应急能力。虽然应急能力并不包含在专业教学的范围内，但高校大学生作为即将进入社会的成年人，掌握英语应急对应能力也属于必然的学习内容。

3. 整理流程

首先，教师应该先按照具体的主题来为学生制定相应的项目主题。当任务完全下达后，学生或者学生小组应该按照各自的能力分配具体的任务目标。例如，部分学生负责搜集资料，或各自搜集某一分项的资料等。当搜集资料这一任务完成后，学生需要在班级内部形成一个审计小组。例如，在主题一中，需要一些学生充当面试官和管理者的角色。整个的项目教学进程需要贯彻"真实"这一特征。无论是课堂模拟中的对话或是所有的行动流程，一切都要以已知的面试流程为主，切勿出现应付了事现象，此为应用型大学课程实践项目教学的第一开发原则。其次，当负责扮演"学生"的学生提交了专业的面试报告后，扮演"面试官"的学生应以专业的眼光审核面试报告。在此期间，教师也应该适当进行一些引导教学。当"面试官"出现审核错误时，教师应及时对学生加以纠正引导，务必保证学生可以在正确的面试流程中完成学习项目。最后，当一整套实践流程结束后，专业教师应该

对学生的表现进行评分。当认同学生的项目完成质量后，教师可以组织学生以公开课的形式在本专业范围内再次重演项目流程。但在上述阶段中教师所做出的判断和总结仅可作为短期内的判断观念，教师若要认定学生在实践课程中所呈现的具体分数，则还需要进行系统性的判断。

4.进程总结

在整个实践项目教学开展的进程中，教师团队应尽量保持两名及以上的教师参与监制。教师在观察学生表现时除了要观察每个学生的角色定位和表现质量外，也需要根据具体的实践项目来实时设定评价标准。例如，在以"面试"为主题开展项目教学工作时，教师就可以根据学生的具体行为将评价标准设置为"面试官态度是否端正""学生着装是否符合面试标准""面试所使用的口语是否正确""对话内容是否出现语法错误""学生语音是否过关"等内容。再将其制作成问卷的形式，由本班观看项目流程的学生进行互相评定。学生的评定意见可以作为参考点，或直接作为学生及小组课堂成绩的70%加入学分制度中。但教师如若咨询本班学生的意见，就一定要予以肯定和应用。此举的根本目的为稳定学生的判断自信和表现自信。完成教师评定和学生评定后，两位或多位教师可以再次对学生的表现进行评定，重点在于选出一位综合表现较为优秀的学生，选定后可以在课堂中对学生予以嘉奖。这样一来，该生就可以在课堂中起榜样作用，进而激励更多的学生提升自身的专业实践能力。

（二）开发效果分析

上述实践项目教学的开发完全以学生的专业内容为主，且因其评价标准多以学生的行为规范和口语专业度等内容作为衡量标准，因此自由度较高。教师人员可以依照不同的教学内容适当进行调整。本节为提升开发价值的判断质量性特征，特选择国内一所应用型大学作为研究对象进行了开发实践。实践时间设定为一学年，实践完成后研究人员对教师的意见及学生的综合成绩进行了系统性的分析。综合结果较为乐观，多数教师都认为当自身从引导者地位过渡到了观察者的地位时，对于课堂的掌控能力反而变得更加直观。部分教师也表示，当自身的教学压力被高度解除后，他们便有了更多时间去制订任务计划。于是学生所面临的任务目标越发新颖，教师所设定的评价指标体系也就越详细和直观。因此在教师压力解除的阶段，实践项目教学的开发流程也进入了正面发展的阶段。而调查一些参与过实践项目活动的学生可知，多数学生对于实践项目教学也都抱持相对正面的态度。他们认为这种自主性较高的教学结构能够最大化地突出他们的自主性需求。且在教学进程中，学生无须按照固定的程序完成作业，他们可以充分发挥自己的自由意志来提前练习自身在应用方面的英语技能。故从整体角度来看，应用型大学英语教学选择使用上述课程开发思路，明显具有可行性。

综上所述，本节以应用型大学为背景，对大学英语教学中的实践项目教学进行了开发形态的研究。研究结果表明，当校方能够重视学生的主体地位，尊重学生的学习需求，且能够以就业市场和就业心态为主设定实践项目内容时，实践项目教学整体便能够成为具有切实锻炼学生英语实践能力的课程项目。应用型大学以培养应用型人才为主，希望各个高校内的英语教学部在开展教学创新行为时，能够坚持以学生的学习需求和实践意愿为主。

第十节　任务型教学模式在大学英语教学中的应用

　　高等院校的英语课程学习十分重要，应该运用科学有效的教学方法来全面提高学生的英语综合学习水平。研究表明，任务型教学模式在大学英语教学中能够发挥重要作用，可以激发学生的英语学习兴趣，提高课堂教学效率。高校英语教师应该积极并合理使用这一教学模式，争取让其在教学当中实现效用最大化。本节就任务型教学模式在大学英语教学中的应用策略进行探究分析。

　　大学英语在高等教育中是很重要的必修课程之一，旨在培养学生的英语综合运用能力，对听、说、读、写都有很高的要求。因此，大学英语教学需要采取科学、高效的教学模式，才能够激发学生的英语学习兴趣，提高英语课堂的教学效率。任务型教学模式是近些年得到越来越多师生认可的一种教学方法，在大学英语课堂上发挥着重要作用，英语教师应当对该教学方法进行深入研究，以确保它能够在英语教学中发挥最大效用。

一、任务型教学模式内涵

　　任务型教学模式指的是教师要以教学内容为基础，根据实际的教学情况来设计一些教学活动，活动内容应是学生熟悉的身边事物，因为贴近实际生活的学习任务可以激起学生的学习主动性，教学活动形式要尽可能的创新，这样学生在参与教学活动的过程中既可以收获丰富的英语知识，又能够锻炼他们的英语运用能力。任务型教学模式注重理论与实践相结合，能够在很大程度上提高学生的英语水平。

二、任务型教学模式在大学英语课程中的重要作用

　　任务型教学模式相较于其他教学模式有很多优势，在大学英语教学中使用可以发挥重要的积极作用，主要体现在以下几个方面：

　　（1）有利于增强学生的学习兴趣。对于学生来说学习兴趣很重要，学习兴趣是促使他们认真学习的必备条件之一，大学英语在大学教育中占有很重要的地位，掌握好英语能够帮助学生在求职当中比别人的竞争力更强一些，因此在大学英语教学当中应该注意采取科学的教学方法来激发学生学习英语的兴趣。任务型教学模式运用在大学英语课堂上有利于增强学生的学习兴趣，因为任务型教学模式通常要求教师课前根据实际生活情景来设计学习任务，让学生之间通过合作、交流来完成教学目标。而学生对于设计的问题情景都比

较熟悉，能够引起他们的共鸣，所以很容易对学习任务产生兴趣，学习的主动性和创造性也被调动起来。因为学生比较追求潮流，接触的新鲜事物很多，教师可以根据实际情况来调整学习任务，确保学生能够对英语一直保持学习兴趣。

（2）有利于培养学生自主学习的能力。不管是小学、初中、高中还是大学，对学生的自主学习能力培养都十分重要，因为教师和家长不能时刻监督学生，所以引导学生养成一定的自主学习习惯是教育工作者应尽的职责。对于大学阶段的学生，尤其是刚步入大学校园的新生，他们从学习氛围紧张的高中阶段一下进入很自由的大学学习环境当中，自主学习能力会逐渐减弱，需要高校教师在课堂上运用新颖的教学方法来提高大学生的自主学习能力。任务型教学模式在实施的过程中需要所有学生参与进来，通过和同学交流、讨论才能共同完成学习任务，在讨论之前由各组负责人为大家分配好学习任务，为了小组的集体荣誉，所有学生都会全身心地投入讨论环节①。在学生合作学习的过程中，每个学生都有机会表达自己的观点，口语实践机会也很多，对英语学习的兴趣和自信逐渐增强，有利于提高他们今后自主学习的效率和能力。

（3）有利于提高课堂教学效率。在很多高校当中，通常是英语专业的英语课程安排较多，而且多是小班教学；其他专业的英语课程较少，并且都是大班教学。其实，无论什么专业的学生都需要认真学好大学英语，不管今后选择继续深造还是就业，英语都是一项重要的技能，能够帮助他们争取更多机遇。因此，对大学英语教师来说实施科学的教学方法，全面提升学生的听、说、读、写能力，才能完成提高课堂效率这一重要的教学目标。任务型教学模式在现代大学的英语课堂上之所以越来越受欢迎，是因为教师布置的学习任务既建立在教学内容的基础上，又与学生的生活和经历相关的内容。学生的学习兴趣能够被有效激发，愿意主动参与英语课程的学习，教师的教学目标也可以高效达成，大学英语的课堂教学效率能够得到明显提高。不管对教师还是学生来说这种教学模式都是非常适合推行的。

三、任务型教学模式在大学英语教学中的应用策略

任务型教学模式在语言教学课堂上的应用可以在很大程度上提高教学效率，提升学生学习语言的综合能力。在完成学习任务的过程中，学生之间需要互相表达、沟通、解释、提问等，可以逐渐提高他们在语言学习中的听、说、读、写水平，因此教师应采取合理措施让任务型教学模式在课堂教学中发挥最大效用，让学生可以全面掌握一门语言技能。

（1）学习任务贴合实际，激发学生学习兴趣。现在的大学生比较乐于接触新鲜事物，他们大都思想独立、个性鲜明，有着比较丰富的个人经历。大学英语对他们来说，有很多人都不太重视，认为今后用不到，没有必要投入太多时间去学习，可以通过考试就行了，由此可见很多大学生的英语学习兴趣都不高。当代很多高校与时俱进，引进任务型教学模

---

① 刘英爽. 国际化背景下大学英语跨文化教育的瓶颈和转型趋势 [J]. 教育评论，2016（07）：115-117.

式到大学英语课堂上，就是为了提高学生的英语学习水平。要想激发学生的学习兴趣，教师在设计学习任务的时候就要注意贴合实际生活，最好是选择一些受当代年轻人喜欢的主题。比如，现在的互联网很发达，大学生的日常生活已经离不开网络，不少学生喜欢在网购平台上买东西，可以设计和网购有关的话题，让他们交流一下自己难忘的网购经历，搜集一些相关资料在小组中互相分享，并做展示。因为网购话题对他们来说非常熟悉，做任务的兴趣也就更大。

（2）培养学生的合作意识，增强自主学习能力。对学生来说具备自主学习能力十分重要，是帮助他们取得优异成绩的基本能力。任务型教学模式通过学生之间合作学习、互帮互助、互相监督，学生的主动学习意识会增强，加上多次参与这样的教学活动，他们的自主学习能力也会逐步提高。因此，对英语教师来说可以通过培养学生的合作意识来达到增强学生自主学习能力的目的。第一，要给他们灌输荣誉感意识，让每个小组在思想和行动上更加团结，组员之间互帮互助，遇到难题一起解决。第二，教师要鼓励小组负责人承担起责任，尤其是对英语表达水平不高的组员应多给予关注，号召其他学生来帮助这位组员，带领他共同完成学习任务。第三，教师应对合作意识最强的小组提出表扬，并增加学分激励，这样会有更多的学生意识到团结合作的重要性。学生的合作意识越强，就越能在教学活动中学到更多知识，有利于提高他们学习英语的自信，今后主动学习英语的积极性和能力也会增强。

（3）学会因材施教，提高课堂效率。学生是任务型教学模式的参与主体，实施这种教学模式的目标是为了让每个学生全面掌握英语技能，达到会说会用的水平。但是在一个班级中，每个学生的学习能力和认知水平几乎都是不一样的，同样的教学方法有些学生可以适应，但是也有部分学生接受不了，所以对教师来说学会因材施教是真正提高课堂教学效率的重要能力。为了更快地让教师掌握因材施教的技能，高校可以邀请教育专家到学校开展主题讲座，分享他们的教学经验给英语教师参考学习。另外，对教师自己来说应该多在网络平台上搜集教学经验，课下多与学生沟通交流，了解学生的学习动态，在设计教学活动的时候可以作为参考依据，根据学生的综合学习与认知情况来设计合理范围和难度的教学目标，争取让每个学生都有能力完成学习任务，课堂的学习氛围会更加浓厚，学习效率也会因此提高。

综上所述，任务型教学模式在高校的英语教学当中发挥了最大效用，不仅增强了学生的英语学习兴趣，还可以培养学生的自主学习能力及提高英语课堂的教学效率，受到了广大师生的欢迎。各个高校应该积极推广任务型教学模式，促进更多学生英语综合水平得到提高。

第十一节　多媒体与网络教学在大学英语教学中的应用

中国文化有古训曰："授之以鱼不如授之以渔。"作为老师，要教给学生学习方法——"授之以渔"，必先懂得各种"渔"，才是真正意义上的"教学"。教学手段和教学方法就像是孙悟空手中的金箍棒，教师如果能恰到好处地运用这根"金箍棒"，就能化解各种困难，培养出社会所需要的合格人才。多媒体与网络教学在我国现代化教学手段中已成为举足轻重的力量。有了这一利器，教与学都发生了质的变化。换言之，教师如果能很好地将传统教学与多媒体与网络教学方法融合，就是掌握了"金箍棒"，就能为我国现代化建设多出人才，出好人才。

一、多媒体与网络教学在英语教学中的应用

有科学研究表明，人类感官对信息的理解程度因刺激方式的不同而差异很大。只有在视觉 83%、听觉 11%、触觉 3%、味觉 2%、嗅觉 1% 比例下，综合刺激才能达到最佳效果。可见人类的学习不应只是思维或视觉、听觉单方面作用的结果，只有在各种感官刺激下的学习才是高效的。认知心理学也揭示了类似的科学规律：对同样的学习材料，单用听觉，3 小时后能记忆获知的 70%，3 天后降为 10%；单用视觉，3 小时后记忆中留存 72%，3 天后降为 20% 左右；如果视觉和听觉同时使用，则 3 小时后留存 85%，3 天后留存 65%。不难看出，广泛使用使学生视、听觉并用的多媒体与网络教学方式，无疑有益于提高学生的学习效率和教师的教学效果。

正是受到人类认知规律的启发，多媒体与网络教学在我国已蓬勃发展。多媒体教学是指利用计算机技术、多媒体技术和现代教学方法进行教学活动的一个整体概念，它把文字、图形、影像、声音、动画及各类多媒体教学软件等先进的多媒体手段引入教学实践当中。多媒体英语教学是使用计算机作为教学媒体对学习者进行教学指导的教学活动，它的最大优点在于能使课堂教学生动、形象，使学生通过丰富的文字、声音、影像、动画等现代化、多元化的信息接收方式，加深对教学内容的理解和吸收。多媒体英语教学通过潜移默化的方式，营造了轻松英语学习的听、说、读、写的语境与氛围，培养了学生学习英语的兴趣，提高了学生的语言运用能力，改变了我国英语教学长期以来"说哑巴英语""应试英语教育"的现状，真正实现了英语教学的素质教育[①]。同时它也使教学过程发生根本的变化，促使教师革新教学理念与教学方法，学生改变传统的被动学习方式，形成教师、学生、教材和教学方式的新组合。自多媒体问世以来，它在提供语言操练和模仿上起到了其他教学手段无法相比的作用，并在外语教学中占据了重要位置。

---

① 王汉英，胡艳红，徐锦芬 . 美国康奈尔大学外语教学观察与思考 [J]. 教育评论，2015（07）：165.

二、多媒体与网络技术在教学中的优越性体现

（一）多媒体与网络教学可提高学生的学习兴趣，提高学习和教学效率

传统的"满堂灌"及"填鸭式"教学不仅使学生失去了求知欲，对文化知识不感兴趣；也使老师处于不知道教什么、怎样教的两难境地。老师想让学生在轻松愉快的氛围下学好知识，可又苦于知识量太大、课堂时间有限、教学手段陈旧等原因，即便使出浑身解数也收效甚微。多媒体与网络教学能使英语课堂更生动、形象、有趣，有利于激发学生学习兴趣，提高学习效率，取得更好的教学效果；能创设生动和谐的语言环境，提供良好的学习情景，大大地增加对学生听、说、读、写能力的训练；能调动学生多种感官参与课堂活动，加深印象，强化记忆。

（二）多媒体与网络教学是方便、快捷的英语教学与学习方式

一方面，在课堂上应用多媒体课件可以使学生对所要学习的知识结构一目了然，快速熟悉，在学习的时候可以根据个人对知识掌握的情况有的放矢，有所侧重地学习；另一方面，多媒体与网络教学便于学生课后对课堂上没有掌握的知识查漏补缺。只要有使用计算机和网络的条件，学生就可以查阅到任何所需的信息。

（三）多媒体与网络教学能帮助学生得到清晰、准确、最新的信息

传统教学方式使学生除了求助词典、查阅参考书、请教老师之外，没有其他获得知识的途径，而字典、参考书中的知识更新较慢，老师给出的答案有些也只是一家之言，不一定放之四海皆准，这就无法保证学生获得知识的信度和效度。在如今这个百家争鸣的信息时代，一家之言已不能满足学生对知识的渴求。多媒体与网络教学方式则最大限度地满足了学生的求知欲与判断力，给了学生最大的学习与思考空间，这是以往任何教学方式都无法企及的。

（四）多媒体与网络教学使教与学相辅相成，强化了学生"学"的能力，也提高了教师"教"的能力

多媒体与网络教学既拓展了学生的思维空间，加深了其学习的广度和深度，增强了学习的主动性与求知欲，提高了学习效率；也提高了教师的教学效果，促进了教学方法的改进和教学科研方法的提高；消除了老师与学生之间的天然屏障，甚至产生角色对换，学生可以知道老师所不知道的，老师也可以向学生请教自己所不擅长的领域，彼此之间互通有无，探讨问题。

（五）多媒体与网络教学体现了以人为本的人文理念

它倡导"以学生为中心、以老师为指导"的教学理念。多媒体与网络教学方式的使用打破了"一言堂"的传统教学模式，提供给老师和学生一个轻松和谐的氛围，真正实现了"以学生为中心、以老师为指导"的教学理念。这种协作互动的教学模式，有利于老师改进教学和学生习得知识，是科学发展观所提倡的"以人为本"理念的真正体现。

（六）多媒体与网络教学模式存在的问题与对策

随着多媒体与网络技术在英语教学中的广泛使用，多媒体与网络英语教学模式已显示出了它的优越性，然而同时也存在一些不足。例如，有的老师只是把教案以条条框框的形式陈列在屏幕上，只注重形式上的课堂内容的完整，而忽略了讲解的重要环节和过程；有的教师在应用多媒体教学或制作课件时，只注重多媒体与网络教学的便利性，认为它能突破时间和空间、运动和静止的限制，却忽视了对学生进行事物本质的揭示；还有些老师过分依赖和夸大多媒体网络教学，忽视了自身在教学中不可替代的指导作用。这些错误思想使多媒体与网络教学模式的广泛使用在带给教师与学生诸多便利的同时，也相应产生了一些值得注意的问题，主要体现在以下两点：

1."教"与"学"的模式程式化

面授与课堂讲解的传统教学方式，使学生在记下条理化笔记的同时，更注重听老师讲解的内容与重点。多媒体课件以简单、快捷为特点，更多的是条理化、活泼的表现形式，而疏于详尽的内容讲解，这也正是教师容易忽略的。教师在使用多媒体网络教学的时候，往往追求声音、图像等效果的展示，注重知识点的罗列，使得教学过程变成了程式化的步骤，忽略了对事物本质的揭示。而学生也易于在享受这种视觉与听觉的同时，忽略对事物本质的把握；或是难以抓住重点，不知道在色彩纷呈的多媒体世界里，该如何洞悉事物的本质，了解其精华，往往是只注意了电脑屏幕上的形式化、程式化的知识要点，却未必真正掌握知识要素。

2.学生动脑、动手能力降低

多媒体网络英语教学呈现给学生图文并茂的效果，常使学生有应接不暇、眼花缭乱的感觉。一方面，多媒体网络英语教学吸引了学生，激发了他们的兴趣；另一方面，使学生被动接受，没有自己动脑思考、动手实践从而加深理解和印象的时间，这无疑是另一种方式的"填鸭教学"。在传统教学模式下，学生必须运用自己的思维想象能力，调用自己的认知图式去理解、内化新知识；而多媒体网络教学模式使得一切都唾手可得，学生还没来得及发挥想象能力去动脑思考，去动手验证，一切都已呈现出来，答案已经摆在眼前，学生也乐得轻松、省事。因此，多媒体网络教学模式在无形中降低了学生的动脑与动手能力。

为了能更好地使用多媒体与网络进行英语教学，让它服务于教书育人的目的，同时又不影响教学效果，教育部门与教育工作者也应采取一定的对策，笔者认为主要有以下两点：

（1）强化外语教师使用多媒体与网络教学的能力

多媒体与网络教学模式的应用要求广大英语教师在掌握好本专业知识的同时，还要保持与时俱进，更新教育观念，掌握现代教育技术，适应现代教育的要求，充分利用多媒体手段、网络资源和各类信息资源，不断提高自己的信息技术能力等综合素质，完善多媒体课件的质量，做到重点突出、布局得当、条理清晰且言简意赅。多媒体课件形式对教师提出了更高的要求，要求他们开发所有潜能去思考如何以图文并茂、绘声绘色的形式将知识性强，甚至是枯燥无味的学习内容以美轮美奂的形式演绎给学生，达到"寓教于学、寓教于乐"的目的。

（2）将传统教学方式和多媒体与网络教学方式融合

传统英语教学方式与以多媒体网络为主导的现代化英语教学方式都是应时代发展要求而生的教学方式，尽管带有时代印记，各有千秋，但它们之于教育、教学的发展是无可取代、缺一不可的。虽然信息技术的发展已广泛且深入地进入教学的各个环节，但是千百年来承袭的传统课堂教学永远不会被它取代，课堂教学有着多媒体网络教学所无法企及的方面。"面授""课堂教学"都是基于人类沿袭的本能，是人类文化交往、信息传递的最基本、最传统的方式。多媒体与网络教学可以作为常规教学的辅助工具，可以是某些教学内容、教学题材所采用的教学方式，但多媒体网络教学不能解决所有的问题教学，课堂教学仍是主导的教学方式。传统教学方式应与现代教育技术有机结合，相辅相成，才能更好地服务于教育。传统教学方式与现代教育技术结合的优势主要体现在以下方面：

①有利于课堂讲解方式的选择

传统授课形式多以讲授为主，其优点在于系统、全面、条理化地输入知识，但容易催生满堂灌、程式化的僵化倾向，不利于培养学生的思维能力和提出问题、解决问题的能力。多媒体与网络教学方式使得教师可以依据课的内容选择讲解方式，使课堂教学形式丰富多样，引人入胜。对于知识性强、逻辑性强、演绎性强的内容，可以采取课堂讲授形式，如口语练习、互动交际练习等；对于巩固性、娱乐性、自我检测性的知识，可以采取多媒体与网络教学形式，如语法练习、写作练习、网上测试等内容。

②有利于授课形式的选择

随着社会的高速发展和高等教育的普及，高校扩招给学校有限的师资带来了很大的压力。高校既要保证教学，又要保证师资队伍的高水平。在这样的前提下，小班授课形式在很多高校已无法实现，必须采用大班授课的形式。多媒体网络英语教学有利于大班授课与小班操练相结合。对于语言知识类课程，因涉及大量相关信息、背景知识的介绍，可以采用多媒体教学课件或光盘，通过大屏幕投影进行大班授课辅导。这样既可以以生动直观、图文并茂的形式与内容吸引学生，又可以避免因为课堂学生多，学生看不清黑板上的字或是听不清教师的话语等引发的教学效果差的问题。对于师生及学生间互动和参与度高的课程，可以进行小班课堂教学，如口语、听力、演讲、辩论等，这有利于师生之间的情感交流与互动，培养学生的情感交流与语言的交际应用能力。

③有利于教学资源的相互补充利用

传统的以课本和图书资料为主的教学资源，其优点在于重点突出、条理清晰，便于学生了解知识重点；其缺点在于知识更新较慢，在有限的时间和空间里无法最大化信息量和快速弥补相关信息或是背景知识。多媒体与网络排除了时空的障碍，使教师以最快捷的方式获取教学资料，即使在课堂上遇到一些没有预料到的问题需要解决时，也能借助网络资源及时为学生补充相关信息。

④有利于学生学习方式的选择和学习资源的取舍

多媒体与网络教学方式使学生的学习方式发生了翻天覆地的变化。传统的教学方式下，学生课后的学习只能是死抠书本，似乎有了课本和几本参考书就能走遍天下都不怕。而事实是学生的学习方式越来越僵化，对于晦涩难懂的知识得不到多方的启迪，不懂得变通，陷入死钻牛角尖的恶性循环。现代教育技术使得学生除了书本之外，还可以求助于网络。各类多媒体软件多角度、反复地演示和讲解，有利于学生理解、顿悟、深化知识。学生甚至可以利用多媒体软件的强大功能与多媒体电脑设置的虚拟人物对话，还能依据电脑的评判（包括语音、词法、句法和习惯用语）修正自身的错误，对自己的学习效果进行客观评价，这对于学生自学能力、语言综合能力的提高大有裨益。

⑤有利于跟踪教学全过程、检测教学效果与查漏补缺

在整个教学过程中，教师可以将课堂教学与开放式自主学习相结合。在师生面对面交流的课堂中，教师在充分了解教学大纲和学生实际需求及状况的条件下，突出学习方法和技能的传授，并通过示范、讲解、辅导、检查等形式，引导、帮助和督促学生完成学习任务。在课堂上教师可以随时解惑答疑，监控学习过程。教师对于自己讲课中的不足与薄弱环节有全面的了解，对于学生学习中易于出现的问题也可以及时发现和纠正。

多媒体网络教学与传统教学模式正如一枚硬币的两面，缺乏任何一面都是不完整的，关键在于如何正确地看待这两方面。既要了解传统教学模式的弊端，又要看清楚多媒体教学的局限，并擅于利用各自的优势，使它们扬长避短，服务于素质教育的目的。此外，英语教师仍要注重提高自身各方面的素质，掌握现代教育技术，努力学习在信息化时代交流、研究的基本技能。与此同时，教师也要继续发扬发扬师者风范，加强与学生的情感交流，重视言传身教的示范作用，注重人文理念的灌输，潜移默化地培养学生的学术修养，让多媒体教学与传统人文教学方式兼收并蓄，探索出多媒体与传统教学相融合的长足发展之路。

第十二节　隐性分层教学在大学英语教学中的应用

随着大学教育由精英教育向大众教育的转变，生源呈现出多样化的特点，由此导致了在校大学生英语水平的参差不齐。对此，国内许多大学都先后实施了大学英语的分层教学。分层教学主要包括显性分层教学和隐性分层教学两大类；其中，显性分层教学的主要形式

为分层分班。从表面上看，分层分班的模式根据学生的英语水平划分教学班级，能够为教师的因材施教创造条件。但是，这种公开对学生进行分类的做法一方面很容易伤害到成绩较差学生的自尊心、自信心，从而导致恶性循环，进一步扩大学生之间的英语水平差异；另一方面，也可能会滋生成绩较好学生的骄傲情绪，得不偿失。对此，探索在大学英语教学中使用隐性分层教学就变得非常必要。

一、隐性分层教学概述

作为分层教学的另一种模式，隐性分层教学往往能够更好地规避显性分层教学的各种弊端。事实上，隐性分层教学本质上就是显性分层教学的一种改良模式。隐性分层教学是指在不改变原有班级格局的情况下，教师首先暗中根据学生的知识基础、智力水平和学习潜力等要素将学生划分为不同层次，然后再基于学生的层次划分，进行其他分层化的教学活动。对学生的分层结果只有教师本人掌握，并不向学生公开。由此，既能够为教师因材施教奠定良好基础，又能够维护较差学生的自尊心。在隐性分层教学的模式中，虽然教师依然采用统一的教材，却需要在教学目标、教学内容和教学过程等方面针对学生的层次划分进行分层设置，以实现针对不同层次学生的因材施教。

二、隐性分层教学在大学英语教学中的应用

将隐性分层教学应用到大学英语教学中属于创新的过程。教师可以采取以下三个措施来保证隐性分层教学在大学英语教学中的有效实施[①]：

（一）实施学生的隐性动态分层

为了切实提高教学质量，教师必须坚持"面向全体""以生为本"和"因材施教"的原则。因此，对教学班级中的学生进行分层是在大学英语教学中实施隐性分层教学的首要任务。教师首先可以通过摸底考试、问卷调查、访谈和课堂观察等形式，充分掌握每位学生的英语水平；然后再综合考虑每位学生的性格特征、学习态度和语言能力等因素，隐性地将学生划分为优、中、差三个层次。属"优"类层次的学生要具有良好的英语基础、课堂参与度高、学习主动性高；属"中"类层次的学生要具有一定的英语基础，能够参与教学活动、按时完成作业，但学习主动性不高；属"差"类层次的学生则具有薄弱的英语基础，学习较为困难。需要强调的是，这些层次并非静态、绝对的。教师必须时刻根据学生的英语能力变化，对学生的分层进行动态调整。

（二）实施教学目标的分层

对教学目标进行隐性分层是顺利实施大学英语隐性分层教学的必要前提。教师需要根

---

① 秦秀白，张凤春．综合教程3（学生用书）[M]．上海：上海外语教育出版社，2014．

据教学大纲规定的总体教学目标，结合教材，灵活制定出基础性、提高性和发展性的三类教学目标，以满足班内不同层次学生的学习需求。基础性的教学目标符合大学英语教学大纲所规定的每位学生都必须达到的一般要求，主要适用于"差"类层次的学生。该教学目标旨在培养学生的基本英语技能，要求学生熟记每单元的重点词汇和语法、了解课文大意、在教师的指导下完成课后习题等。提高性的教学目标主要适用于"中"类层次的学生。该教学目标旨在提高学生的基本英语技能，要求学生能够熟练、灵活地应用每单元的词汇、语法和句型，能够理解课文主旨，能够独立完成课后习题。发展性的教学目标主要适用于"优"类层次的学生。该教学目标旨在培养学生听、说、读、写、译等方面的综合应用能力，提高他们的英语思维能力和自主学习能力。

（三）实施教学过程的分层

教学过程的分层是指在课堂教学以及其他延伸的阶段，摒弃一概而论的错误做法，基于学生的隐性分层，在各项教学活动中继续实施分层的教学设计。该种分层主要包括以下五个方面：

1. 实施分层式备课

备课是教师顺利进行课堂教学、保证教学效果的必要准备。为了保证隐性分层教学在大学英语教学中的顺利应用，教师必须在备课阶段就实行分层模式。在分层备课的过程中，教师需要根据上述三个层次的教学目标，在充分了解各层次学生的英语现状和差异的背景下，基于教学大纲的要求和教材内容，准备教学内容，且内容必须体现难易度的层次性，从而确保每个层次的学生都能完成相应的教学目标。

在分层备课时，必须为不同层次的学生准备和其水平、需求相符的教学内容。对此，在教师准备的面向全班学生的教学内容中，既要涵盖"差"类层次的学生所需要的重点词汇、语法、课文分析等内容，又要包括"中"类层次的学生所需要的能够提高其英语基本技能的内容，同时还要体现"优"类层次的学生所需要的能够提高其英语综合应用能力和思维能力的内容。

2. 实施分层式课堂教学

分层式课堂教学是体现教师教学能力的最佳环节，但同时也是隐性分层教学应用到大学英语教学过程中操作难度最大的一部分。分层式课堂教学主要包括以下三个方面。

（1）内容讲授的分层化。在知识点的讲授方面，教师必须基于不同层次学生的英语能力，既重视基础知识的介绍，又兼顾知识的延伸和扩展。例如，在讲解重点词汇和短语时，教师需要列出从易到难的例句，并进行知识扩展，指出其他相关的同义词、同义短语等。

（2）课堂提问的分层化。在课堂提问环节中，教师必须针对不同层次的学生提出难度各异的问题，从而确保每一个层次的学生都有参与其中的机会。当学生积极响应时，教师还应给予正面鼓励，以增强学生的自信感和参与课堂的积极性。当问题简单时，教师可请"差"类层次的学生进行回答。如有必要，再请"中"类层次或"优"类层次的学生加以补充。当问题难度较高时，教师可以先请"优"类层次的学生进行回答，从而为其他学生提供启发和充足的思考时间。

（3）课堂练习的分层化。在课堂练习环节中，为了保证练习效果，教师需要在相同的时限内为不同层次的学生布置难度或数量不同的练习，有时也可以采用小组练习的形式。这样不仅可以使每个层次的学生都获得有效锻炼，还可以增强他们的成就感、激发他们的学习积极性。

3. 实施分层式辅导

有限的课堂教学时间显然无法满足所有层次学生的需求。因此，及时的课外辅导就变得必不可少。由于学生具有不同的英语能力水平，教师必须在课外辅导方面采用分层的方式。在辅导"差"类层次的学生时，教师应重点采用单个辅导的方法。该种方法具体包括帮助学生巩固所学基础知识、完成作业，教会学生有效的学习方法，努力培养学生的自主学习能力等。在辅导"中"类层次的学生时，除了答疑解惑外，教师还可以采用小组讨论、教师指导的形式，积极引导学生互相讨论、互相学习，逐步提高他们的自主学习能力。在辅导"优"类层次的学生时，除了指导和点拨外，教师还应注重知识的延伸和扩展，重点培养他们的英语综合应用能力和交际能力。

4. 实施分层式作业

作业是让学生巩固课堂讲授知识的有效手段。在隐性分层教学目标的指导下，为了确保每一层次的学生都能通过作业实现巩固知识、提高水平的目的，教师就不能在作业难度、数量和类型等方面采取统一标准。反之，教师应该将作业分为基础、提高和拔尖三个层次，然后允许学生自由选择，从而保证不同层次的学生始终对完成作业充满动力和兴趣。此外，为了鼓励学生完成更高层次的作业，教师也可采用表扬、加分等激励措施。

5. 实施分层式考核评价

大学英语的考核评价主要由平时形成性评价和期末终结性评价构成。为了增强不同层次学生的成就感，调动他们继续学习英语的积极性，教师有必要在学生的考核评价机制方面继续采用隐性分层的方式。在形成性评价方面，教师要针对不同层次的学生使用不同的评价标准进行垂直性评价，鼓励学生在原有的基础上不断进步、超越自我。在评价过程中，教师应该考虑每位学生的英语水平，只要他在英语学习方面有所进步，就应给予积极评价并在形成性评价上有所体现。期末终结性评价主要通过期末考试的形式进行。教师在设计试卷时，必须基于不同层次的学生，合理选择题型和难易度。只有通过试题的隐性分层，才能真正考察不同层次学生的真实水平，从而为教师下一学期的隐性分层教学提供有效的成绩参考。

因材施教、科学施教是提高大学英语教学质量和学生英语水平的有效措施。隐性分层教学立足于学生的个体差异，通过引导大学英语教师实施分层式教学目标、分层式备课、分层式课堂教学、分层式辅导、分层式作业和分层式评价等措施，从而为因材施教、科学施教创造了良好平台。隐性分层教学模式能够有效缓解当前大学英语"教"和"学"之间的矛盾，既为教师在选择教学方法、教学内容等方面提供科学参考，同时激发不同层次学生的学习动力。

第十三节　英语演讲在大学英语教学中的应用

改革开放后，我国对外交流的机会越来越多，英语学习的热情日益高涨，全国开始陆续举办英语相关知识竞赛，其中以英语演讲比赛最为知名。演讲比赛的出现大面积普及了英语文化，有效推进了我国的英语教育事业，同时也促进了学生口语表达能力的提高，提升了英语教学效果，使越来越多的大学生可以与国际接轨。

一、英语演讲的重要性

演讲发展至今，中国经历了几个时代的变革，时过境迁，演讲的重要性从未减少，它是一种信息传播形式，在传统社会可以有效地表达自己的想法。演讲在英语教学中的重要性也是无可比拟的。一方面，英语演讲大量激发了学生的学习热情和积极性；另一方面，针对学生的口语表达和综合能力的提升也有一定成效。英语演讲融入英语教学当中，可以提高英语教学的教学效果和教学效率，可以培养大学生的综合英语能力，使学生早日适应全球化发展的需要。

科技和时代的发展，使得大学生的英语水平在不断提升，大学英语教学也取得了优异成绩。但其在实际的社会发展和社会需要中，仍旧存在一定差距。首先我们知道，提升学生英语口语表达能力最有效的途径就是和别人进行英语交际。但是在实际的英语教学中，由于时间的不充裕和较重的教学任务，书本上的知识往往占有较大比重，学生的实际英语表达能力被忽略，这导致了学生的口语表达能力较弱[1]。其次在课堂上，虽然有时候教师会安排口语实践内容，但也只是寥寥几句，或者是单一枯燥的教学方式，无法全面提升学生的口语表达能力。学生的表达能力下降，对待英语学习的热情也会随之下降，这样只会降低学生学习英语的积极性，导致英语学习成绩下降。

现代英语教学，侧重点仍然放在学生的语言基础能力和基本英语技能的掌控上，并没有考虑到学生以后面对复杂环境时，如何进行口语表达。教师在教学中同样对社会交流问题描述较少，学生终要步入社会，学校所学知识也终究会派上用场。这样只会导致学生英语的知识面较窄，对社会和国际方面的问题分析较浅，无法和外部空间有效接壤。另外，在进行英语教学时，多数教师仅仅是为了课堂教学，但是英语学习是多方面的，不仅是掌握口语词汇，还要了解英语的社会文化背景，要对英语的发源地——英国，了解并掌握相关知识，如当地的风土人情，和英式发音或者美式发音等，要努力减少与其他国家的文化

---

[1]　王允庆，孙宏安．高效提问[M]．高等教育出版社，2016.

差异，教师也要扩大相关知识的介入和交流。

二、英语演讲在大学英语教学中的应用

英语演讲对大学生提升英语水平有巨大作用，要发挥其相关作用，首先要将英语演讲融入课堂教学中，把英语演讲作为一种教学或者训练手段，可以有效地激发学生的学习热情，提升学生的实际口语表达能力和综合素质水平，并较快地达到教学目标的要求，提升学生的英语学习效果。

（一）加强英语实践教学，并以语境教学为主

大学英语教学时间较短，教学目标较重，如何在较短的时间内实现教学目标是我们首先要思考的。大学英语课堂进行学习的时间十分有限，英语演讲正是一种有效节约时间，提升学习效率，并提高学生口语表达能力的教学活动。

在实践过程中，不仅要加强学生的口语表达能力，还要注意引导学生熟悉各种口语的表达，和不同语境下的表达能力及其适应程度。在英语竞赛时，就可以体现出学生对周边环境的适应能力和在不同语境下学生英语口语的实际表达能力。

（二）加强思维辩论能力训练和社会文化的导入

演讲竞赛中，比较有看点的环节就是选手对思辨能力的掌控情况。参赛选手大都专心于英语学习，却忽略了英语的文化内涵和历史哲学等知识，导致选手的知识面较窄，对事物的辩别能力和分析只停留在表层。这正是大部分学生的通病，教师在英语教学中往往也没有注意到这一点，只强调学生英语水平的提升。学生要多进行思辨训练，可以开阔自己的眼界，丰富多方面知识和理性对待事物的能力。所以在大学课堂教学中，仍然要培养学生的思维辨析能力，并将英语演讲中的思辨能力导入教学中。

英语只是语言文化的一部分，我们需要宏观地进行掌控，扩大知识面。语言与文化是相互影响的。语言及其相关文化是密切相关的，教师在教学中，要加强学生对语言文化的了解，对其他国家的文化背景和文化差异进行了解，让学生懂得各国人民如何用他们的语言反映其相关的生活方式和行为思想，可以有效克服学生知识面狭窄的问题，并调动学生的学习积极性，培养其洞察能力和思维辨析能力。

目前，在大学生英语教学引入英语演讲具有一定的教学意义：一方面，可以有效地提升学生的口语表达能力和思维辨析能力，并以语言情景为主导训练。另一方面，也要加强学生对英语文化和文化差异的了解，进一步拓宽学生的知识面。相信用不了多久，英语演讲就能和现实英语教学有机地融合在一起，并不断完善其教学问题，改善大学英语教学，并提升大学生的英语表达能力。

第十四节　功能翻译理论在大学英语教学中的应用

关于翻译理论的研究，学术界已经有许多卓有成效的论述，学者们给出了多种方法和途径，形成了多个学派，其中主流的学派有对等翻译学派、功能学派、语言学派和多元系统派等。早在 20 世纪 60 年代，以尤金奈达为代表的学者就提出了动态对等理论，其强调译者在翻译时应当充分尊重原文信息，译文的内容应当与原文基本一致。20 世纪 70 年代初，西方学者对于翻译理论的研究逐渐开始更多地关注译语文化，强调译文的交际功能和社会效应应当与读者的实际需求相称，这一理论的出现颠覆了以往以文本为中心的对等翻译传统。以圣经的翻译为例，译者逐渐开始根据不同的情境需求对翻译策略做出相应的调整，使得译文更容易被目标读者所接受，从而达到广泛传播的目的。其中，德国的功能翻译理论经过不断的完善，得到了学术界的广泛认同，为高校的英语翻译教学提供了可遵循的翻译标准，对于指导我国大学翻译教学工作有着重要意义。

一、功能翻译理论概述

20 世纪 70 年代，由德国研究者莱斯提出的功能主义翻译批评理论（Translation Criticism）是功能翻译理论的雏形，于 1971 年在其著作《翻译批评的可能性与局限性》中进行了阐述，强调双语翻译应以实现特定翻译情境下的功能为判定准则。1978 年，在莱斯翻译批评理论的基础上，由莱斯的学生弗米尔所著的《翻译批评的可能性与局限性》一书中提出了翻译目的论，这也是功能翻译理论中最重要的理论之一。翻译目的论指出翻译行为的过程、策略及方法由翻译行为的目的决定，并且应当充分考虑译文读者的文化背景和社会背景，译文能够使读者更容易接受。翻译目的论遵循三个原则，即目的原则、连贯原则和忠实原则。目的原则是指翻译原文的作用主要是信息来源，在翻译过程中要充分考虑译文的交际功能，译文应当符合读者所在的社会文化背景及习惯，根据目的选择翻译方法，不受限于原文的功能。连贯原则和忠实原则分别指语内连贯（Intratextual Coherence）和语际连贯（Intertextual Coherence），语内连贯是指译文应当适用于读者的阅读习惯、可读性和可接受性；语际连贯是指译文应当与原文内容相符，但原文忠实的程度和形式取决于译文的目的和译者对原文的理解。90 年代初，同为莱斯学生的克里丝汀·诺德在老师和弗米尔研究的基础上，提出了功能加忠诚理论。其目的是避免译者脱离和曲解原文，从而造成读者对原文的错误理解，避免激进功能主义。诺德强调，译文应当以原文为基础，没有原文就没有译文，译文应当同时对原文作者和译文读者负责，原文分析、翻译纲要及对翻译问题的分类与层次化是翻译教学的三个重要能力培养目标。

功能翻译理论与传统的对等翻译理论不同，功能翻译理论强调实现预期功能是翻译行为的首要准则，而不再关注译文内容是否与原文对等。译者在翻译过程中，应当在充分分析和理解原文含义的基础上，结合读者的阅读习惯、文化和社会背景以及语境等因素来确定相应的翻译策略及方法。功能翻译理论具有较高的灵活性和可拓展性，改变了以往对等翻译的二元对立模式，它是以译入语文化情境中的交际目的来确定翻译原则和对译文进行评价，对于指导英语翻译实践以及英语教学有着重要意义①。

二、功能翻译理论在大学英语教学中的重要性

（一）翻译学习的需要

大学英语作为我国高校的一门必修课，由于多方面的原因，仍然侧重于听、说、读、写方面，而对翻译理论以及翻译技能的学习相对缺乏，鲜有开设专门翻译课程。功能翻译理论具有较高的实用价值，对于大学生阅读国外文献、了解国外先进科技和文化有着重要意义。目前高校的英语翻译教学中，需要功能翻译理论来指导和检验翻译实践，从而满足学生的需求。

（二）翻译教学更注重功能性

在已有的翻译课程中，对等翻译理论应用较多，将英文翻译过程简单地看作英语和汉语之间的相互转化，而忽略了译文与语境的关系。这一模式相对单一，且不能满足学生多元化的需求。例如，"Love me，love my dog"这一句如果仅关注字面含义，即"爱我，也爱我的狗"，这一翻译是相对生硬的，并没有考虑目标读者的文化背景，创造力不足。但如果翻译为"爱屋及乌"，不仅可以准确地表达出原句的含义，也在翻译模式上充分考虑了译文的功能性，而不拘泥于单纯的词句转换。

三、功能翻译理论在大学英语教学中的应用策略

（一）译文评判标准的制订

在传统的对等翻译教学中，翻译评判标准由教师制订，而这一标准往往会提供一个译文标准答案，译文评定过程实质上成为纠错过程，这并不能适应功能翻译理论下的译文评定。诺德在翻译目的论中曾指出，译文的评判不应只注重语法正确与否而忽略其他方面，在实际操作中，要以翻译纲要为基准，以译文能够满足翻译功能为标尺，重点评判翻译策略是否达到翻译目的，以此作为译文是否合格的尺度。翻译目的是否达成应当以"适宜"为标准，"适宜"是指译文应适应预定的翻译目标以及目标读者的语言环境，鉴于不同的翻译任务对应的翻译目的和语境也不尽相同。因此，"适宜"这一标准是动态变化的，可

---

① 赵周，李真，丘恩华．提问力 [M]．北京：电子工业出版社，2018.

操作性较强。在实际的翻译教学中，教师可以结合功能翻译理论的相关要求从整体到局部评判学生的译文。首先通过整体来查看学生译文是否达到预定目标，然后通过译文的文体规范来评判是否满足目标读者的语境及文化要求，最后从局部分析译文的语法、词句和表达是否准确。教师也可在课堂上设置学生互评环节，通过学生互相评阅来提升学生的学习兴趣以及对功能翻译理论的理解。

（二）改进教学方案

目前传统的对等翻译教学方案已经不适用基于功能翻译理论的教学工作，教学方案的改进应当注重以下三个方面：一是重视译文的整体效果。英语翻译并不是逐词逐句翻译就可完成的，应当注重译文的整体性。当前大多数的教学体系，翻译教学较多地采用逐词逐句翻译，对翻译细节的教学过度侧重，但往往忽视了译文整体性的要求。在教学实践中，教学方案也应注重学生对于翻译整体性的理解和培养，注重译文整体的功能效果。二是注重语篇功能、诉求功能、寒暄功能、指称功能和表情功能是诺德翻译目的论中指出的文本四功能。基于此，译文是在不同语境和不同文化背景下这四方面功能的载体与表现，而语篇与语境相互统一。教师在实际的教学工作中应当注重语篇功能的教学，让学生在翻译时注重语境在译文中的应用，译文不能脱离语境。三是翻译方法优化。当前，大学英语翻译教学中普遍开展了翻译理论的学习，教师应当根据学生对理论的学习情况以及英语能力水平开展相应的翻译方法的培养，通过加强学生对原文的理解，使其明白原文的含义及译文语境的变化，根据翻译目的及实际语境来选择相应的翻译方法，使其加深对功能性翻译方法的理解。

（三）注重功能翻译理论的应用

功能翻译理论在实际的工作和学习中对于跨语言快速获取知识有着重要的实用价值，大学英语翻译教学应当注重培养学生学以致用的习惯。当代大学生肩负着民族复兴的重要使命，是我国社会主义建设的重要接班人和开拓者，及时了解和掌握国外的先进技术对于提升我国先进生产力有着重要意义。通过功能翻译理论的应用及时学习相关专业的研究现状，掌握科学研究的前沿动态。教师在教学中可以将同专业学生分为若干个学习小组，自拟一个和自己专业相关的研究主题，每个小组主题不同，利用功能翻译理论建立科研资料库；在教师的指导下由小组讨论制订翻译任务的目的以及翻译策略，通过整理和搜集国外研究资料分配给小组成员不同的翻译任务，小组内以及小组之间可以进行译文成果的讨论和分享，总结翻译经验，教师进行引导和点评，最终汇总形成不同主题的科研资料库。这一方法与学生专业结合，在功能翻译理论实践的同时也对学生专业的学习起到一定的促进作用，一举两得。

功能翻译理论指导下的英语教学，翻译过程不仅仅是语言文字的相互转化，更是知识、信息和文化的沟通与交流，它为大学英语翻译教学提供了一个新的途径。功能翻译的运用将两种不同的语言文化和信息相互融合，对中西方文化交流有着重要意义。此外，功能翻译为译者提供了广阔的创新空间，可帮助译者在提升基本翻译技能的同时，培养多元化的创新性思维。因此，大学英语教学中应当充分考虑功能翻译理论的优势和实用价值，不断创新和改革教学方法，帮助学生掌握基于目的性的翻译方法，快速获取所需知识，从而促进其专业课程的学习和进步，为国家培养出更多优秀的英语翻译人才和英语专业人才。

参考文献

[1] 张学新. 对分课堂：大学课堂教学改革的新探索 [J]. 复旦教育论坛，2014（5）：5-10.

[2] 汪军，严晓球. 近十年来国内大学英语大班教学研究综述 [J]. 教育学术月刊，2011（11）.

[3] 杨淑萍，王德伟，张丽杰. 对分课堂教学模式及其师生角色分析 [J]. 辽宁师范大学学报（社会科学版），2015（9）.

[4] 张博雅. 对分课堂：大学英语课堂教学改革的新思路 [J]. 科学与财富，2015（12）：803.

[5] 柴霞. 基于"对分课堂"的大学英语教学实践与反思 [J]. 曲阜师范大学公共外语教学部，2016（06）.

[6] 谷陟云. 罗杰斯的人本主义教育观及其启示 [J]. 现代教育科学，2009（10）.

[7] 陈爱梅. 人本主义学习理论及对外语教学的启示 [J]. 辽宁师范大学学报，2003（3）.

[8] 王健芳. 外语教学改革与实践 [M]. 南京：南京大学出版社，2016.

[9] 孙立伟. 对数字化教学资源建设的思考 [J]. 新西部，2007（12）.

[10] 杜振华. 英语资源服务器及网络语音室的安全管理与实践 [J]. 中国科教创新导刊，2008（01）.

[11] 李建萍. 分级教学背景下大学生英语词汇学习策略的调查和分析 [J]. 黄山学院学报，2009（8）：99.

[12] 汤闻励. 非英语专业大学生英语学习"动机缺失"研究分析 [J]. 外语研究，2012（1）：70-75.

[13] 李艳，韩文静. 孔子因材施教的教育思想简述 [J]. 吉林教育学院学报，2008（4）：39.

[14] 刘英爽. 国际化背景下大学英语跨文化教育的瓶颈和转型趋势 [J]. 教育评论，2016（7）：115-117.

[15] 王汉英，胡艳红，徐锦芬. 美国康奈尔大学外语教学观察与思考 [J]. 教育评论，2015（7）：165.

[16] 秦秀白，张凤春. 综合教程3（学生用书）[M]. 上海：上海外语教育出版社，2014.

[17] 王允庆，孙宏安. 高效提问 [M]. 高等教育出版社，2016.

[18] 赵周，李真，丘恩华. 提问力 [M]. 北京：电子工业出版社，2018.

[19] 陈帅. 大学英语修辞教学探析 [J]. 湖北经济学院学报，2013（9）：203-205.

[20] 王涛. 大学英语教学中英语修辞格的赏析 [J]. 英语广场，2013（10）：97-99.

[21] 夏俊萍. 浅析大学英语教学中学生修辞鉴赏能力的培养 [J]. 吉林工程技术师范学院学报，2014（10）：68-70.

[22] 张红. 浅谈英语教学中常见的修辞 [J]. 教师，2015（11）：47-48.